APERÇUS

SUR LA

BISCAYE, LES ASTURIES ET LA GALICE.

APERÇUS

SUR LA

BISCAYE, LES ASTURIES ET LA GALICE.

PRÉCIS

DE LA DÉFENSE DES FRONTIÈRES

DU GUIPUSCOA ET DE LA NAVARRE;

Par le Général Don VENTURA CARO, en 1793 et 1794; et Campagne du Général Don ANTONIO RICARDOS dans le Roussillon, en 1793.

PAR LOUIS DE MARCILLAC.

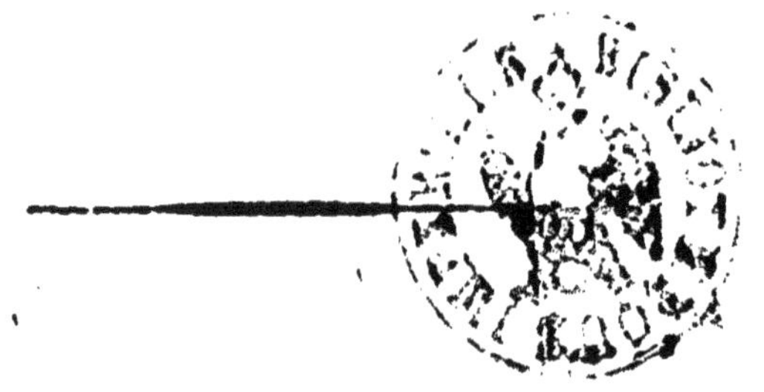

A PARIS,

CHEZ LE NORMANT, IMPRIMEUR-LIBRAIRE,

RUE DES PRÊTRES SAINT-GERMAIN-L'AUXERROIS.

1807.

A SON ALTESSE SÉRÉNISSIME

LE PRINCE DE LA PAIX,

GRAND-AMIRAL D'ESPAGNE ET DES INDES,

GÉNÉRALISSIME DES ARMÉES DE S. M. C.
LE ROI D'ESPAGNE, etc. etc. etc.

PRINCE,

DÉDIER un ouvrage à un homme en place, à un homme puissant par les dignités dont il est revêtu, c'est, dira-t-on, acquérir le droit de lui offrir des louanges : non, Prince, la flatterie ne dirigera point ma plume : ce langage des courtisans est trop au-dessous de moi. Ayant des droits à m'intéresser à la gloire de l'Espagne, mon but unique est de montrer ce royaume tel qu'il est; et, en le décrivant, de déraciner les préjugés ridicules qui se sont propagés parmi les personnes qui ne connoissent l'Espagne que par des relations la plupart mensongères.

En parcourant l'Espagne, il me sera difficile de ne point parler de V. A. S.; mais ce seront les faits qui parleront, et qui prouveront que vos vues, Prince, sont dirigées vers la prospérité de l'Etat. La postérité, sévère dans ses jugemens, auxquels sont soumis la conduite des rois et celle de leurs ministres, décidera si la confiance du vertueux Charles IV pouvoit être mieux placée que dans les mains de V. A. S.

Lorsque les passions politiques seront éteintes; lorsque l'esprit de parti se taira, et fera place à la vérité, alors l'observateur impassible jettera un coup-d'œil impartial sur le continent européen.

Remontant à l'époque de la révolution française, arrivant à celle qui a vu les Français revenir au système monarchique, il comparera les deux situations : il verra des Etats forts et prépondérans entraînés par une fausse politique, et, par une suite de leur machiavélisme, réduits à l'humiliation de solliciter la générosité du vainqueur; il verra des frontières reculées, des royaumes anéantis ou changeant de maître. Au milieu de ce chaos, dans ce bouleversement général, l'Espagne, au contraire, se présentera avec ses mêmes monarques, ses mêmes lois et ses mêmes limites. — A qui devra-t-on ce contraste frappant? A la loyauté de Charles IV, à la prudente politique de V. A. S.

Il faudroit sans doute une plume plus exercée que la mienne, pour faire ressortir avec avantage les contrastes que je présenterai; contrastes qui se trouvent dans ce qu'est l'Espagne, comparée avec l'opinion que l'on a généralement de ce pays. Destiné, dès mon bas âge, à parcourir la carrière militaire, je ne puis offrir que la vérité, la loyauté et la franchise des camps. Si ces qualités attachées à la profession des armes, peuvent suppléer à l'élégance du style, il n'y aura rien à desirer dans l'ouvrage que j'entreprends, et dont j'ai l'honneur de présenter le premier volume à V. A. S.

J'ai l'honneur d'être, avec un profond respect,

PRINCE,

de V. A. S.

Le très-humble et très-obéissant serviteur,

Le Comte Louis DE MARCILLAC.

AVANT-PROPOS.

Plusieurs auteurs ont écrit des ouvrages sur l'Espagne : les uns se sont permis d'en tourner en ridicule les usages ; d'autres en blâment encore les institutions, et se permettent même de conseiller au peuple espagnol des changemens qui tendent à la subversion de l'ordre social ; car les institutions de chaque pays tiennent aux mœurs et au caractère des peuples, et les lois qui les gouvernent sont calculées d'après ces puissantes considérations. Une malheureuse expérience nous a prouvé qu'on pouvoit mitiger, mais jamais réformer entièrement ce qu'on appelle vulgairement des abus. Le *philosophisme*, premier germe destructif des principes de morale, et premier moteur du bouleversement des Empires, est répandu dans presque tous les ouvrages écrits en français sur l'Espagne. Ces écrivains, en général, se sont plu à nous dépeindre ce royaume sous les couleurs les plus défavorables, sous le rapport de la civilisation. Si nous nous en rapportions à un grand nombre d'entr'eux, nous croirions la nation espagnole au premier développement des principes et de la formation de la société, et nous gémirions d'avoir pour limite, au Midi, un royaume dont les peuples sont encore plongés dans la barbarie, et chez lesquels nos vastes connoissances, nos génies profonds, nos beaux-esprits n'auroient pu pénétrer. Les nombreuses preuves que j'ai recueillies parleront, j'espère, en faveur de cette nation brave, généreuse, et que je regarde comme la plus heureuse nation de notre continent européen. Elle est heureuse, sans doute, parce qu'elle a eu la sage précaution d'éloigner cette civilisation philosophique, dont les vices sont les résultats, tandis que ses vertus semblent être l'apanage des peuples estimables que nous nommons si injustement sauvages.

Les grands chemins, les auberges mêmes,

se ressentent aussi de la malveillance que les étrangers prêtent généralement à tout ce qui est institution en Espagne.

Depuis le ministère du comte de Florida-Blanca, l'Espagne est cependant traversée par des grands chemins dans tous les sens. De tous les points principaux du royaume, on communique avec la capitale par des routes d'une grande beauté, et l'on aperçoit sur ces chemins ce luxe que déploie l'Espagnol dans tout ce qui est monument public. Il reste cependant encore quelques routes à tracer pour faire la communication des capitales de provinces : on s'en occupe ; et dans peu l'Espagne pourra, sous ce rapport, servir de modèle aux peuples qui se sont récriés sur les difficultés d'y voyager.

Quant aux auberges, on exagère le peu de ressources qu'on trouve dans ces établissemens ; et si l'on en croit l'opinion la plus répandue, il faut, lorsqu'on veut parcourir l'Espagne, porter avec soi des matelas, tous les ustensiles de cuisine, et faire des provisions de bouche comme pour un voyage d'outre-mer. Je conviendrai que, lorsqu'on s'écarte des grandes communications, lorsqu'on s'enfonce dans les montagnes de Galice, dans celles des Pyrénées, on trouve peu de ressources pour la vie; j'avouerai aussi que, dans quelques villages de la Navarre et de l'Aragon, on oblige les voyageurs d'envoyer chez le boucher et chez le boulanger; que la maîtresse de l'auberge leur prépare d'assez mauvaise grace un détestable repas, dont elle fait chèrement payer la façon, sans oublier le *ruido*, ou dérangement que l'on a occasionné dans la maison. La raison du peu de ressource de ces auberges est moins insouciance de la part des aubergistes, que leur soumission au droit qu'ont les seigneurs d'empêcher ceux qui se trouvent dans leurs terres d'acheter la viande et le vin autre part que chez les bouchers et marchands de vin qu'ils leur désignent : droit qui les soumet à une amende s'ils font des provisions de ces comestibles. Nonobstant cela, je demanderai au Français qui a parcouru son pays, si, dans les auberges de la Basse-Bretagne, dans celles des Cévènes, dans celles qui sont sur les routes de traverse, on trouve de grandes ressources. En suivant les grandes landes de Bordeaux à Bayonne, j'ai souvent desiré même les *ventas* de la Galice. On appelle *venta* une auberge isolée et éloignée de toute habitation quelquefois de plusieurs lieues. J'ai rencontré de ces *ventas* que j'aurois préférées, pour la propreté et la qualité des provisions, aux meilleures hôtelleries de France. Si l'on suit les grandes routes, on trouve généralement dans les villes, même dans les villages, des auberges (*posada* en espagnol) qui ne laissent rien à desirer, et qui auroient l'avantage, si on comparoit les *posadas* de la Catalogne, du royaume de Valence, celles de la Biscaye, aux auberges du midi de la France.

Quant à la manière de voyager, je conviendrai qu'elle n'est pas généralement aussi prompte qu'en France, et sur-tout qu'en Angleterre. Le voyageur qui veut se rendre à Madrid, ou dans une des villes situées sur les routes de grandes communications, doit, s'il est très-pressé, prendre la poste à cheval. (Les chevaux, ou mules de poste pour les voitures, ne sont établis que sur la route de Madrid à Cadix, et sur les routes de Madrid aux maisons de campagne du roi, qu'on appelle *sitios.*) Il peut aussi aller aussi vite qu'en courant la poste en France, en louant une voiture du pays, qu'on appelle *Coche de Colleras*, et en faisant son marché pour placer des relais. Cette manière est exhorbitamment chère; mais n'étant pas très-pressé, payant le prix ordinaire, et sans relais, il peut compter sur des journées de douze lieues.

Le *Coche de Colleras* est une voiture à quatre roues et à quatre places, point élégante, mais commode, solide, et assez douce, quoique non suspendue. Elle est attelée de quatre, six ou sept mules. (Le roi seul peut compléter le nombre de huit.)

Chaque mule a son nom propre, et c'est généralement dans la hiérarchie militaire qu'on le choisit. Dans un attelage de quatre mules on est assuré de trouver une *generala*, une *coronela*, une *capitana* et une *comissaria*. L'étranger qui débute en Espagne tremble de voir ses jours confiés à des animaux capricieux qui n'ont de frein que le commandement du cocher, qu'on appelle *mayoral*, et celui du postillon, qu'on nomme *zagal*. Ce postillon diffère du nôtre, en ce qu'au lieu d'être à cheval sur un des animaux de la vollée, il est assis à côté du *mayoral*, sur l'avant-train de la voiture, qui est rembouré des couvertures des mules. C'est de ce siége que le cocher dirige de la voix son docile attelage. Le galop, le trot, le pas, les oscillations sur le chemin sont ordonnés par des mots de convention que les mules ne confondent jamais. Une d'entre elles s'abandonne-t-elle à la paresse, n'exécutet-elle pas assez promptement le mouvement ordonné, ou ne répond-elle pas à l'injonction particulière et nominative qui lui a été faite : alors le *zagal* se précipite de son siége, va de son fouet corriger la mule délinquante, et dès que le mouvement est exécuté, il se replace lestement à côté de son chef. En arrivant dans les villes ce même postillon se place entre les mules de devant, les dirige afin d'éviter les accidens, et parcourt au grand trot les rues qui conduisent à l'auberge.

Le passe temps de ces deux conducteurs, pendant la route, est de fumer le cigarre, et de mettre, sur l'air le plus mélancolique, quatre ou cinq mots qu'ils transposent dans tous les sens. Je me rappelle encore avec un mouvement d'impatience le *mayoral* qui me conduisit de Madrid à Barcelone. Ce malheureux aimoit sans doute passionnément la musique, car pendant treize jours, et depuis le matin jusqu'au soir, sur le même ton, sur le même air, et à tue-tête, il m'étourdit de ces mots que je n'ai pu oublier : « *El camino de Madrid a Barcelona*; et vice versâ : « *El camino de Barcelona a Madrid.* » Ce qui veut dire : « Le chemin de Madrid à Barcelone, et le chemin de Barcelone à Madrid. » Je n'en pus jamais savoir davantage.

Si le voyageur ne veut pas faire la dépense du *Coche de Colleras*, il peut, à meilleur frais, faire de même douze lieues par jour, en prenant une espèce de cabriolet qu'on appelle *volante* ou *caleza.* Ouverte par le devant et sur les côtés, cette espèce de voiture qui, dit-on, remonte au temps des Maures, n'est, à proprement parler, qu'un siége à deux places, à dossier, et surmonté d'un ciel en cuir qui abrite du soleil perpendiculaire. Les côtés forment un demi-cercle alongé, et sont tellement échancrés, que la seule ressource contre la pluie est une toile grossière qui croise et s'attache à la coquille qui forme le plancher de la *caleza.* Du reste, il n'est pas de voiture aussi agréable pour les personnes qui aiment à respirer le grand air, et à jouir des diverses perspectives qui se succèdent dans le cours d'un voyage. Elle est aussi fort commode pour ceux qui aiment à se dissiper par la marche de l'ennui d'une longue route; on y monte et l'on en descend avec facilité. Cette voiture est rouante dans les mauvais chemins et sur le pavé, si on fait trotter le seul animal qui la traîne; car elle n'est point suspendue, mais seulement attachée à deux barres en bois qui traversent le brancard en avant et en arrière de la caisse de la calèche. Le conducteur, qu'on nomme *calezero*, marche presque toujours à pied, quelle que soit la longueur du voyage. S'il se trouve accablé par la chaleur ou par la fatigue, il s'assied en travers du brancard, de préférence du côté du marche-pied. Dans les villes, et en traversant les villages, il est obligé, sous peine d'amende, d'être à la tête de sa mule, et de la conduire par les rênes. Hors de là c'est de la voix qu'il ladirige, et cette mule est aussi soumise que celles des *Coches de Colleras*.

Sans aller en poste, si l'on veut voyager à cheval et faire dix-huit lieues par jour, on peut prendre un mulet de pas, *macho de paso;* ce mulet est accompagné par un valet qu'on désigne de l'appellation *mozo*, terme générique pour tout domestique. Ce *mozo* court en avant du mulet, le soigne dans les auberges et sert le voyageur. On ne sait, en vérité, lequel est le plus étonnant de l'animal ou de son pédestre valet.

Une cinquième manière de se transporter est enfin la ressource des personnes qui sont obligées de calculer leurs dépenses. Ce qu'en France nous appellons rouliers, est, en Espagne, partagé entre deux classes d'hommes connus sous les noms de *caromateros* et *arieros.* Les premiers conduisent des charrettes couvertes, qu'on remplit de marchandises, par-dessus lesquelles se placent des voyageurs: ces charrettes sont attelées de trois, et même quelquefois de sept mules. Les *arieros* conduisent aussi des mules, mais qui portent les balots à dos ; chaque animal est chargé de trois cents à trois cent cinquante pesant. Le voyageur qui ne veut pas prendre une mule pour lui seul, est posé en complément de charge sur une de celles du convoi. D'un pas régulier, mais très-lent, il fait neuf lieues par jour, et cela dans les grandes journées et en marchant depuis quatre heures du matin jusqu'à la nuit. Cette manière de voyager, soit avec les *caramateros*, soit avec les *arieros*, est fort économique, sur-tout si l'on convient de manger avec eux, seul moyen d'être bien et promptement servi dans les auberges.

J'ai dit que j'avois des titres qui m'autorisoient à m'intéresser à la gloire de l'Espagne : on me pardonnera de les expliquer, pour faire cesser la surprise que pourroit occasionner, aux personnes intolérantes, de voir un Français se déclarer l'apologiste d'un peuple parmi lequel il n'est pas né. Je pourrois ne réclamer que le titre d'impartialité, premier mérite d'un écrivain, dont le devoir est de proclamer le bien partout où il le trouve; mais j'en joindrai un autre plus puissant encore pour moi : la reconnoissance.

Un de mes grands oncles, le comte de Marcillac, quitta le service de France, où il étoit colonel d'un régiment de cavalerie qui portoit son nom, pour passer au service d'Espagne, sous Philippe V. Il fut commandant en second, sous le comte de Montemar, de l'armée envoyée par S. M. C. pour placer don Carlos sur le trône de Naples et de Sicile, il assiégea et prit la ville ainsi que la citadelle de Messine, força les places de Baja, Pouzzols et Pizzigitone à capituler, et il commandoit en second à la bataille du Bitonto. Le royaume de Naples conquis, S. M. S. crut devoir récompenser le comte de Marcillac des services qu'il avoit rendus à sa couronne, et le nomma un des sept chevaliers grand'croix de l'Ordre de Saint-Janvier, à l'époque de sa création. Il eut, avec deux autres gentils-hommes, l'honneur d'être décoré de cet Ordre; et cette distinction étoit d'autant plus flatteuse, qu'elle ne fut partagée alors qu'avec les têtes couronnées. Il fut aussi employé comme lieutenant-général au siége d'Oran, et eut le commandement en chef du convoi d'Alicante, composé de trois vaisseaux de guerre, quatre galères et plusieurs transports, ayant à bord trois régimens d'infanterie et huit escadrons de cavalerie.

Comblé des bontés de S. M. Philippe V, il fut honoré de la confiance de ce souverain, et envoyé par lui à Fontainebleau, chargé d'une mission secrète relative aux intérêts de l'Espagne. De retour à Madrid, S. M. C. le nomma capitaine-général (1) du royaume

(1) Le titre de capitaine-général est confondu par les Français avec celui de vice-roi. Les attributions et le pouvoir en sont les mêmes; mais il n'y a en Espagne qu'un vice-roi, qui est celui de la Navarre. Il y en a plusieurs dans les possessions espagnoles d'outre-mer.

de Grenade. Son frère, qui étoit aussi passé au service d'Espagne, fut gouverneur de la ville de Saint-Sébastien.

Par suite de ces emplois de mes deux grands oncles, ma famille avoit hérité de créances pour des sommes considérables sur le gouvernement espagnol. S. M. Charles IV a daigné reconnoître ces créances, et a de plus eu la bonté d'accorder à mon père une terre dans la province de l'Estramadure. Ces détails que je prie le lecteur de vouloir bien excuser, m'ont paru nécessaires pour expliquer le motif qui m'a fait prendre la plume.

Pour revenir au plan de mon ouvrage, je parcourrai les différentes provinces; je pénétrerai dans le centre de chacune d'elles, afin d'en mieux connoître les ressources, et d'en mieux juger le caractère des habitans. Après en avoir donné un abrégé historique, après en avoir rappelé les différentes époques et les changemens auxquels elles ont été assujetties, j'arriverai au moment présent, et ensuite je donnerai mes aperçus sur l'état du commerce, sur celui de l'agriculture, et m'attacherai sur-tout à faire ressortir les mœurs et le caractère très-distinctif des peuples dont la réunion forme maintenant le royaume d'Espagne. Ce premier volume ne contient que la description de la Biscaye, des Asturies et de la Galice: j'ai cru devoir y ajouter le précis des campagnes de 1793 et 1794 en Guipuscoa, ainsi que celle de 1793 en Roussillon; si elles rappellent les succès des Espagnols, les Français sont, depuis long-temps, trophabiués t à la victoire pour qu'on puisse porter atteinte à leur bravoure, en parlant de quelques revers qu'ils ont essuyés, à une époque où la discorde civile nuisoit à leurs opérations militaires.

ROUTE DE BAYONNE

A SAINT-SÉBASTIEN,

PAR LE PORT DU PASSAGE.

En allant de Bordeaux à Bayonne, on trouve déjà des mœurs et des usages espagnols : la gazette de Bayonne est écrite en espagnol, et on parle cette langue sur un rayon assez prolongé, de quelque point des Pyrénées qu'on parte en se dirigeant vers le centre de la France. Mais si, d'un côté, tout annonce que l'on cherche à se rapprocher d'une nation qui nous avoisine de si près, de l'autre, tout dénote que la ligne de démarcation des deux Etats est plus encore dans l'opinion des peuples, et même dans leurs cœurs, que dans les points de séparation déterminés par les deux souverains. Avant la Bidassoa, tout annonce l'Espagne. Cette rivière passée, rien ne retrace la France : langage, mœurs, habitudes, tout est différent ; vous apercevez encore les habitations françaises, et vous en êtes à mille lieues pour le moral.

Voulant visiter le port du Passage avant de me rendre à Saint-Sébastien, je fis prix avec une Bidartine pour me conduire au lieu de ma destination : 20 livres pour les sept lieues de Bayonne à Saint-Sébastien, telles furent nos conventions.

On désigne sous le nom de Bidartines les habitantes de Bidar, village à une lieue de Bayonne, sur la route d'Espagne. La situation en est extrêmement agréable ; d'un côté l'Océan à ses pieds, de l'autre des coteaux cultivés, et s'élevant en amphithéâtre jusqu'aux Pyrénées qui terminent l'horizon. L'extérieur de ce village annonce l'aisance des habitans ; l'élégance et la quantité des meubles qu'on trouve dans les maisons, la gaieté des propriétaires, ne laissent aucun doute sur leur bien être, qui surprend d'autant plus le voyageur, que les campagnes, riantes à l'œil, ne paroissent pas très-productives.

Suivant l'usage, je couchai chez ma Bidartine conductrice : elle me servit un très-bon soupé, me donna un excellent lit ; et le tout compris sur les 20 livres prix fait pour ma route. J'eus pendant ma soirée le loisir de m'instruire des moyens de prospérité du village de Bidar, et j'appris que la contrebande en étoit la source. Lés hommes s'adonnent à la culture des champs, et les femmes sont les agens d'un commerce illicite entre les deux nations. Elles font régulièrement deux fois par semaine le voyage de Bayonne à Saint-Sébastien. En allant en Espagne, elles portent quelques livres de tabac, des mousselines, et autres objets prohibés; en revenant en France, elles se chargent de piastres et de quadruples, que les spéculateurs de Saint-Sébastien leur remettent avec toute assurance. Il n'y a pas d'exemple d'un abus de confiance de leur part. Arrivées à Bayonne, elles déposent chez le correspondant désigné, la somme reçue, sur laquelle on leur donne six pour cent pour salaire. Il seroit impossible d'empêcher cette contrebande; car on ne pourroit assez multiplier les employés aux douanes pour garder les sentiers des Pyrénées, qui ne sont connus, et quelques-uns qui ne sont praticables que pour les gens du pays. Ne troublons donc pas la sécurité des Bidartines; laissons-les suivre tranquillement le grand chemin, et s'enrichir par un trafic doublement frauduleux: recommandons cependant en passant, du désintéressement et plus de sévérité aux employés des douanes espagnoles, et ne nous occupons plus que d'empêcher le cheval qui nous porte, la conductrice et moi, de faire un faux pas et de jeter l'un de nous deux dans le fossé dont il est toujours le plus près possible.

La manière usitée dans la province de Bigorre et en Biscaye, d'aller deux sur le même cheval, est assez originale pour être décrite. Sur les flancs de l'animal et fortement attachés à son bât, pendent deux demi-fauteuils qui servent de siége aux voyageurs; mais comme ils ne sont pas toujours du même poids, on égale la charge en ajoutant des pierres du côté le moins pesant. Le balancement produit par le mouvement du cheval, la facilité de converser avec son camarade de charge, la certitude de ne pas se casser la jambe si le cheval vient à choir, car alors vous vous trouvez debout; tout cet ensemble rend très-agréable cette manière de chevaucher, qu'on appelle aller en cacolet.

A deux lieues de Bidar, on traverse Saint-Jean-de-Luz; puis le bourg d'Horogne; et une lieue après ce dernier endroit, on arrive à la côte nommée la Croix-des-Bouquets: position avantageuse, si disputée et si souvent prise et reprise pendant la guerre de 1793. Du sommet de cette côte, on découvre sur la droite la place de Fontarabie, qui défend l'embouchure de la Bidassoa. Cette rivière, qui baigne les bastions de la forteresse, serpente ensuite dans un vallon étroit, et sert de limites au bourg d'Yrun qu'on a devant soi.

On descend à la Bidassoa par un chemin neuf et très-beau. Cette rivière forme, depuis 1510, la ligne de démarcation entre les deux Etats. A cette époque il s'éleva une contestation entre les habitans de Fontarabie et ceux d'Hendaye, village avec un fort en face de la forteresse espagnole. (Le fort et le village furent pris et rasés pendant la dernière guerre.) Chacun revendiquoit ses droits de propriété sur la rivière: de la discussion on en vint aux querelles; et pour mettre un terme aux débats qu'elles occasionnoient; les deux souverains nommèrent des commissaires qui se rendirent sur les lieux. Il fut convenu que chaque royaume seroit maître du rivage de son côté; mais il fut en même temps réglé que les Français ne pourroient avoir ni faire remonter aucune grosse barque sur la Bidassoa.

Depuis la paix de 1795, on a jeté un pont en bois sur cette rivière qui sert de limite. Ce pont a été construit aux frais des deux puissances, qui ont établi leurs douanes respectives à chaque extrémité. Celle du côté de l'Espagne étant sur le territoire du Guipuscoa, province qui a des priviléges particuliers, comme nous le verrons par la suite, on ne fouille point à cette entrée dans le royaume; et lorsqu'on en sort, on évite les perquisitions des employés au moyen d'une piecete (20 sols).

En traversant le pont sur la Bidassoa, on remarque l'île des Faisans, surnommée de la Conférence, à cause de celles qui s'y tinrent entre Mazarin et don Louis de Haro, et qui précédèrent le traité des Pyrénées et le mariage de Louis XIV.

Mais où sont les ruines de ce palais construit pour la réception d'illustres personnages? — Quels ont été les résultats durables, où sont les traces des traités qu'ils signèrent? — Que nous reste-t-il de ces grands événemens? — Notre mémoire nous en rappelle à peine quelques traits. Le seul qui ne puisse s'effacer, et qui passant encore à la postérité se liera à jamais au souvenir de la gloire d'un grand ministre, c'est le refus insultant du cardinal Mazarin envers l'infortuné duc d'Yorck, fuyant alors son peuple révolté. Que de réflexions sont amenées par la conduite du cardinal et par la situation du prince malheureux, à qui la Providence faisoit éprouver la dernière des vicissitudes qui devoit précéder son rappel au trône auquel il étoit destiné par ses droits ainsi que par sa naissance!!

Yrun est la première population espagnole. Ce bourg est à un quart de lieue du pont sur la Bidassoa. Il fut le quartier-général de l'armée défensive du Guipuscoa et de la Navarre, sous les ordres de don Ventura Caro.

Si l'on suit le grand chemin, on a quatre lieues à faire pour aller d'Yrun à Saint-

Sébastien : on passe alors par Oyarsum et Ernani, d'où l'on prend la grande route qu'on a construite pour la communication de Saint-Sébastien avec le chemin de Madrid.

Oyarsum est un poste militaire intéressant pour la défense du Guipuscoa, en ce qu'il couvre les lignes d'Yrun, et empêche qu'on ne les tourne si la position de Vera venoit à être forcée : et dans le cas où Yrun et Vera seroient enlevés en même temps, les troupes trouveroient à Oyarsum une position avantageuse pour protéger une retraite, et donner le temps de prendre les mesures capables de s'opposer à une invasion dans cette province frontière. Je suis étonné qu'on n'ait pas fait d'Oyarsum une place forte de première ligne. Cette frontière d'Espagne n'est nullement couverte ; car Pamorvo, la seule forteresse qui couvre la Castille de ce côté-là, est dans l'intérieur des terres, et à quinze lieues de la frontière ; Fontarabie est tout au plus un poste fortifié ; et la place de Saint-Sébastien, éloignée, comme nous l'avons dit, d'une lieue de la grande route, n'occuperoit que deux mille hommes pour la bloquer, si on ne vouloit pas les employer à l'enlever.

Lorsqu'on voyage avec les Bidartines, on quitte à une lieue d'Yrun le grand chemin de Madrid, et on gagne une heure en prenant la route de la traverse qui conduit au port du Passage et aboutit à Saint-Sébastien. En laissant la grande route, on se jette dans les montagnes qui bordent la mer; et après une heure et demie d'une marche pénible et dangereuse, on arrive au port du Passage. La baie en est vaste, entourée de hautes montagnes, et ne communique à la mer que par une gorge entre deux rochers, qui n'a de largeur que celle nécessaire au passage d'un seul vaisseau qu'on fait entrer ou sortir à la remorque.

La ville du Passage n'est formée que d'une rue bâtie sur l'espace resserré qui est entre les montagnes de l'est et la baie. Un château commande l'entrée du port.

On est habitué à considérer le port du Passage sous un point de vue très-avantageux pour la prospérité de la Biscaye en particulier, et pour l'intérêt de l'Espagne en général. Plusieurs écrivains, cédant plutôt, sans doute, à l'opinion publique qu'à la conviction qu'ils auroient pu acquérir par leurs propres observations, sur les vrais avantages du Passage, nous ont dépeint ce port comme d'une utilité majeure. Le gouvernement espagnol paroît avoir adopté l'opinion publique à cet égard; et en enlevant le Passage à la jurisdiction du Guipuscoa, dont il faisoit partie; en y établissant un commandant particulier, il sembleroit désigner des projets d'en faire un établissement essentiel.

S'il m'étoit permis de combattre l'opinion publique, je présenterois les observations que j'ai faites sur les lieux, et qui m'ont porté à considérer le port du Passage comme d'une importance médiocre, et par conséquent beaucoup au-dessous de celle qu'on lui attache. Cette baie très-vaste, est, il est vrai, parfaitement abritée de tous les vents, avantage à considérer dans une latitude où les bourrasques sont fréquentes; mais, à l'exception d'un canal très-étroit qui la traverse, elle est entièrement à sec à marée basse. On assure que le défrichement des montagnes qui la dominent de toute part, a facilité l'écoulement des terres qui ont été et qui sont encore entraînées par les pluies fréquentes dans ces parages. Ces éboulemens ont insensiblement comblé la baie, que les vieillards ont vue assez profonde pour mouiller des vaisseaux de 74, dans les endroits où, à basse mer, on est à sec présentement. Dans l'état actuel de ce port, les vaisseaux de guerre, les frégates, et même les navires marchands, ne peuvent mouiller que dans le canal qui joint la passe à la baie. Par des travaux très-dispendieux et très-longs, on pourroit sans doute curer cette baie, et prendre des moyens propres à empêcher l'éboulement des terres; mais il resteroit encore deux inconvéniens majeurs auxquels on ne peut remédier. L'un est la proximité du territoire français; proximité qui deviendroit très-dangereuse en cas d'une rupture que des événemens imprévus pourroient amener, malgré l'étroite liaison qui doit toujours unir l'Espagne à la France : l'autre raison, non moins importante que la précédente, est le gisement du Passage. Situé au fond du golfe de Gascogne, très-redouté des marins, à cause des coups de vent qui y règnent presque toute l'année, l'attérage de ce port seroit très-dangereux pour des escadres, qui ne pourroient y entrer ni en sortir que vaisseau par vaisseau. De plus, on y est bloqué par les vents de sud-ouest et d'ouest, qui soufflent dans le golfe une grande partie de l'année, et qui occasionnent de fréquens retards dans la marche des bâtimens qui doivent gagner la haute mer. Toute personne qui a navigué dans le golfe de Gascogne, connoît le danger d'être affalé à la côte lorsque les bourrasques viennent du large. Une escadre poursuivie ne trouveroit aucun abri dans ce nouvel établissement, vu la difficulté d'y entrer. Cet inconvénient irrémédiable donneroit à l'ennemi un trop grand avantage, pour qu'il ne soit pas pris en considération

Si le gouvernement espagnol veut avoir un port royal sur la côte de Cantabre, il me semble que celui de Santonia, près Saint-Ander, offre plus d'avantages que celui du Passage, soit par son gisement plus élevé, soit par d'autres convenances dont je parlerai par la suite. Les dépenses qu'exigeroit le rétablissement du port du Passage, couvriroient, et au-delà, celles que nécessiteroient les travaux à faire à Santonia.

Le port du Passage étoit le dépôt de la compagnie de Caracas, maintenant réunie à celle des Philippines. Cette compagnie prospéroit, et donnoit à ses actionnaires des dividendes considérables; mais, depuis sa réunion, elle a perdu son activité, son crédit; et à Saint-Sébastien, comme au Passage, quelques salariés remplacent de nombreux et riches spéculateurs, qui n'ont plus en perspective que la vue de leurs navires pourris, et dans la vase qui encombre une des anses de la baie du Passage.

En quittant ce port pour continuer sa route sur Saint-Sébastien, on est forcé de traverser la baie lorsque la marée est haute. Dans cette traversée d'une demi-heure, ce sont des femmes qui dirigent, non le vaisseau de l'Etat, mais le bateau du voyageur. On navigue sur une mer paisible, jamais exposée aux tempêtes : par conséquent on n'a rien à redouter; et on peut, en cette circonstance, se livrer en toute sécurité à ce sexe créé pour notre bonheur; sous ce rapport, si digne de nos hommages et de nos soins, mais dont l'influence est ailleurs si souvent dangereuse. Les Biscayennes, patrons de barque, sont pour la plupart fort jolies, quoique leur teint soit hâlé par l'air de la mer et l'ardeur du soleil : de plus, elles sont gaies et aimables, dans leur genre cependant.

Lorsque vous êtes parvenu à l'extrémité ouest de la baie, vous trouvez des chevaux ; et en moins d'une demi-heure vous arrivez à Saint-Sébastien. Près de la ville, vous traversez une dune de sable qui aboutit à un pont en bois jeté sur une petite rivière qui, à son embouchure, baigne les bastions de la ville. Cette rivière est très-abondante en saumons : on y prend ces poissons en si grande quantité, que les personnes qui ne veulent pas se donner la peine de les ramasser entre les rochers que la marée laisse a sec en se retirant, les achètent à raison de quatre quarts (6 liards) la livre. Au bout du pont on longe une promenade plantée d'arbres, qui se termine au pied des glacis de la place.

Saint-Sébastien.

Cette ville, capitale du Guipuscoa, est la résidence du gouverneur général de la province, qui eut le titre de capitaine général jusqu'en 1800. La ville de Saint-Sébastien est bâtie au pied d'un rocher, au sommet duquel est une citadelle plus propre à servir de prison d'Etat qu'utile pour la défense de la place qu'elle protège. Ce rocher et la ville ne tiennent au continent que par une langue de sable très-étroite, sur laquelle on a élevé une chaussée qui aboutit aux coteaux situés en face de la ville du côté du sud. A marée haute, la mer baigne les murs qui soutiennent la chaussée du côté de la baie, et dans laquelle on a créé un port, au moyen de trois jetées parallèles, formant autant de canaux qui peuvent contenir au plus trente navires. Les bâtimens qui tirent plus de treize pieds doivent mouiller dans la baie, où ils sont très-exposés aux coups de vent du nord-nord-ouest et d'ouest, s'ils n'ont pas la précaution de jeter l'ancre derrière un rocher isolé, qu'on diroit avoir été posé au milieu de l'entrée de cette baie pour en garantir une partie de la fureur des tempêtes, qui sont affreuses et fréquentes dans ces parages. Ce rocher forme deux passes; mais celle du côté de la ville est la seule praticable.

Du côté de terre, Saint-Sébastien est fortifié par un ouvrage à corne, qui occupe tout l'espace que la mer ne baigne pas; mais cette place n'est pas tenable, étant dominée à l'est et au sud par des coteaux dont les crêtes sont de niveau avec les batteries de la citadelle, qui ne défend parfaitement la ville que du côté de la mer.

La population de Saint-Sébastien est d'environ treize mille ames. Ce port, quoique franc, n'est point ce qu'on appelle en espagnol *abilitado*, c'est-à-dire qu'il ne peut en sortir directement aucune expédition pour les Amériques espagnoles; mais comme les colonies sont le débouché principal des denrées de Guipuscoa, les commerçans de Saint-Sébastien envoient leurs chargemens à Saint-Ander, port qui est *abilitado*; et de-là, sous le nom et les reconnoissemens d'un commerçant de cette place, ils sont envoyés aux Amériques. Ces prête-

nom

nom coûtent fort cher : de là il résulte que l'opiniâtreté des habitans du Guipuscoa à refuser l'admission des douanes royales dans leur port, leur est infiniment préjudiciable et dispendieuse, puisqu'ils sont obligés de payer les douanes à quelques lieues de chez eux, d'acquitter en sus les droits des consignataires et expéditionnaires de Saint-Ander, de souffrir les retards qu'occasionnent les reconnoissemens d'arrivages et de partance de ce port, et de payer enfin un double fret pour y envoyer leurs denrées et en recevoir les retours. Une ordonnance du 29 juillet 1779, porte : « Que toutes les productions de la Navarre, de la Biscaye, de l'Alava et du Guipuscoa, seront réputées étrangères, quand on les embarquera pour les Amériques, tant que ces provinces n'admettront pas de douanes. » Cette ordonnance n'a pu déterminer les habitans de ces provinces à l'admission, desirée par la cour, dont les inconvéniens leur seroient moins à charge que ceux qui naissent de leur refus. Vingt-trois commerçans se partagent le commerce de Saint-Sébastien, qui consiste principalement en morues qu'apportent les Américains et les Anglais. En retour, ils prennent des chargemens en fer et résine. Ce dernier article provient en grande partie des bois de pins qui sont dans les grandes landes de Bordeaux : cette branche d'exportation se fait par les caboteurs de Bayonne.

Quoique le port de Saint-Sébastien soit franc, les marchandises qu'y introduit la compagnie des Philippines, celles qu'elle en extrait, sont sujettes à des droits assez considérables. Cette place est un dépôt de contrebande pour les objets prohibés provenant de l'industrie ou du sol français : la contrebande de piastres est le retour qu'on fait à la France ; et cette branche de commerce, très-considérable, se fait non-seulement par les Bidartines, ainsi que nous l'avons dit précédemment, mais encore plus en grand par les navires de cabotage qui retournent à Bayonne, et qui transportent les piastres dans de faux bordages intérieurs.

La province de Guipuscoa est généralement confondue avec celle de Biscaye, par les personnes qui ne connoissent pas l'Espagne. Les habitans de cette république sont bien aussi enthousiastes de leurs priviléges que le sont ceux de l'Alava et de la Biscaye ; mais ils ne confondent en aucune manière ni leurs intérêts politiques, ni leurs droits respectifs, qui sont les mêmes, à quelques modifications près, et qui datent de la même époque. Nous ferons connoître ces différences dans le chapitre suivant, en parlant de la Biscaye proprement dite.

Le gouvernement du Guipuscoa est entre les mains d'une assemblée qui se réunit chaque année et alternativement dans un des cinq endroits les plus considérables de la province. Les députés formant cette assemblée sont nommés par les corps municipaux (*ayuntamientos*). Ils discutent les intérêts de la république, et décident sur les demandes que le roi leur fait, soit en hommes, soit en argent : ils diminuent, autant qu'ils peuvent, ces demandes, sur-tout celles en argent ; mais, sous le nom de don gratuit, ils accordent ordinairement et annuellement 3,000,000 de réaux (750,000 liv. tournois).

Ne pas être assujéti à la levée d'hommes qu'en Espagne on appelle *quintos*, ou un par cinq ; ne pas être taxé arbitrairement pour les impôts : tels sont les deux principaux priviléges du Guipuscoa, dont le roi n'est que le seigneur.

Pendant la guerre de 1793, l'assemblée de cette province refusa de mettre sous les armes le nombre d'hommes que le roi lui demandoit ; mais les habitans ne tardèrent pas à se repentir de la résistance opiniâtre qu'ils opposèrent aux desirs du souverain, qui ne vouloit leur coopération que pour la défense de leur propre pays. Les armées ennemies, alors sans frein et sans discipline, pénétrèrent dans leurs foyers : leurs trésors furent enlevés, leurs églises pillées, leurs champs dévastés; et les particuliers furent soumis, en outre, à des contributions exorbitantes.

S'il est digne d'éloges le respect que le gouvernement espagnol montra, dans cette occasion, pour les priviléges de cette province, qui est la clef principale de ses Etats, du côté de la France, il me semble qu'il est des circonstances tellement urgentes, que le souverain doit oublier toute considération particulière pour n'envisager que l'intérêt général.

Le gouvernement particulier des villes est confié à des *alcades*, qui sont élus chaque année par les habitans qui ont droit au vot : il faut pour cela être noble, et posséder 200 l. de revenus. La cérémonie d'élection se fait avec toute la pompe que comporte la localité.

On reproche à certains alcades de ne pas rendre des comptes très-exacts de la manutention des deniers dont ils ont la gestion. Ces comptes sont vérifiés par la municipalité nouvelle, et s'il y a des différends, ils sont portés à l'assemblée générale. Mais il en est, assure-t-on, de ces messieurs comme des médecins de Molière : Passe-moi la rhubarbe, je te passerai le séné.

Le Guipuscoa est, proportion gardée, la province la plus peuplée du royaume d'Espagne. Son étendue n'est que de 17 lieues de long sur 6 de large ; et, d'après le dernier recensement fait par chaque municipalité, (*ayuntamiento*), la population est de 123,000 ames. Cette surabondance de population sur une si petite surface, détruit la croyance qui prédomine encore, que la dépopulation de l'Espagne doit être attribuée aux émigrations dans les Indes. Pour nous convaincre de la fausseté de cette idée si généralement adoptée, remarquons que la province qui fournit le plus à ces émigrations est la Biscaye : viennent ensuite la Galice, l'Andalousie et la Catalogne ; et ces provinces sont cependant les plus populeuses de l'Espagne, tandis que les Castilles sont presque désertes, quoiqu'elles ne fournissent pas un seul homme pour les Amériques, dans le cours de trente années.

Arthur Young, ce célèbre agronome anglais, prétend que la prospérité d'un Etat dérive plus de son agriculture que de son commerce. Il auroit pu, dans son pays natal, trouver des preuves contraires à son assertion : à ces preuves si incontestables, nous ajouterons celle que nous présente la province de Guipuscoa. Depuis que les peuples qui l'habitent se sont livrés à la culture des terres, et ont défriché leurs montagnes, autrefois couvertes de forêts, le commerce s'est ralenti, les richesses se sont concentrées dans un petit nombre d'individus qui habitent les côtes de la mer ; et les agriculteurs de l'intérieur des terres ne jouissent que de la médiocrité, qui ne paroît cependant pas chez eux exclure le bonheur.

On trouve dans le Guipuscoa des mines de fer, principale richesse de cette province, ainsi que de celle de la Biscaye. Les plus considérables de la province dont nous parlons présentement, sont celles de Vera, d'Aguetaria, de Lezagua, et de la montagne des Trois-Couronnes. C'est de ces mines qu'on tire le fer qui s'emploie dans les fabriques ou fonderies qui sont établies dans cette province, et dont le nombre est ainsi qu'il suit : Quatorze fabriques d'armes pour la marine royale; deux fonderies pour couper le fer; quatre forges ou martinets pour travailler le fer en barre; dix-neuf fabriques de clous; huit fabriques d'épées, sabres et baïonnettes; six fabriques pour les batteries de cuisine, et autres pièces de ménage en fer battu; une fabrique de fusils de chasse, de munition, et de pistolets; et trois fabriques d'acier.

Les fabriques d'ancres sont ainsi réparties : Une hors des murs de Saint-Sébastien, dans le faubourg de Santa-Catalina; une à Zubietta, une à Tolosa, deux à Lasarte, une à Pagalloga, deux à Hernani, une à Villabona, deux à Urnieta, une à Orio, une à Arrazubia, une à Ursebil, une à Andoani.

Les fonderies pour couper le fer sont à Iraeta et à Benteria.

Les forges et martinets pour travailler le fer en barre sont : A Ursebil deux, à Tolosa une, et à Veraztegui une.

Les fabriques de clous sont : Au port du Passage une, à Renteria une, à Hernani une, à Ursebil une, à Orio une, à Tolosa une, à Andoani une, à Atzpeitia deux, à Azcoitia quatre, à Urestilla une, à Regil une, à Saint-Sébastien quatre.

Les huit fabriques de baïonnettes, sabres, épées ; les six pour les batteries de cuisine en fer battu, sont toutes à Tolosa. On trouve aussi dans ce bourg un martinet pour les chaudrons en cuivre.

Les fusils de Biscaye, si renommés et si bons, se fabriquent dans les villes de Plasencia, Eybar et Elgoybar. Ces fabriques occupent sept cent soixante-cinq hommes.

La fabrique d'acier d'Atzpeitia est portée à un grand point de perfection : elle travaille au compte du roi ; et afin qu'on reconnoisse les pièces qui en sortent, chacune d'elles porte pour empreinte le mot *Zavalo*, qui est le nom du directeur de cette fabrique. Les deux autres, qui travaillent pour compte de particuliers, sont à Pagalloga et Andoani.

Le fer qu'on tire des mines du Guipuscoa et de la Biscaye, a une grande supériorité sur celui des autres mines de notre continent ; il est plus moelleux, et par conséquent plus malléable que celui de Suède, qui est très-sec.

On voit dans l'arsenal de Madrid, qu'on appelle *Armeria*, trois pièces de canon en fer, forgées en masse et battues au marteau : elles furent ensuite forées et tournées par les procédés ordinaires : elles sont de l'invention du sieur Anciola, directeur de la fabrique des ancres de la marine royale, qui est dans le faubourg de Santa-Catalina, à Saint-Sébastien. Le lecteur ne sera pas fâché d'avoir la description de ces trois pièces, aussi curieuses par le travail qu'utiles par l'avantage qu'on en pourroit tirer, si on ne s'en tenoit pas à l'épreuve de cette invention.

La première, du calibre de huit, est longue de sept pieds deux pouces et demi; l'ame cylindrique, et la lumière perpendiculaire, rasant le fond de l'ame. Le poids de cette pièce est de onze quintaux et cinquante livres, poids de Castille, plus foible d'environ un septième que le poids de marc. A la première épreuve qu'on en fit, elle fut chargée avec de la poudre fine en quantité égale au poids du boulet, et pointée à quinze degrés. Le boulet porta à mille six cents toises. A la seconde épreuve, elle fut chargée en quantité de poudre égale aux trois quarts du poids du boulet, et il porta à mille quatre cents toises. La troisième charge, réduite au tiers du poids du boulet, le porta à mille trois cents toises. La pièce subit ensuite l'épreuve de l'eau : l'expérience faite, on n'y trouva ni concavité ni soufflure, et l'eau n'avoit filtré par aucune partie. Montée ensuite sur un affût, cette pièce fut pointée sur un tonneau flottant à distance de cinq cents toises : chargée d'une quantité de poudre égale à la moitié du poids du boulet, il donna dans le but, et fit plusieurs bonds au-delà. Malgré la légéreté de cette pièce, le recul n'excéda pas celui d'une pièce en fonte de même calibre.

La seconde pièce, du calibre de quatre, est longue de cinq pieds onze pouces; son poids est de sept quintaux cinquante livres. Chargée à poudre fine et à poids de boulet, elle porta à mille cinq cents toises : montée sur affût, chargée à moitié du poids du boulet, elle porta à quatre cent cinquante toises, et fit plusieurs bonds au-delà du but, sans différence de recul avec une pièce de fonte de même calibre.

La troisième est une pièce de quatre à la suédoise : elle est longue de quatre pieds sept pouces, et du poids de trois quintaux et douze livres, toujours poids de Castille. Eprouvée de même que les deux premières, et pointée au même degré, elle porta son boulet à mille quatre cents toises : montée sur affût, et chargée à moitié poids du boulet, elle porta à quatre cent cinquante toises, sans que le recul fût plus considérable que celui de la seconde pièce.

D'après ces preuves, on est fondé à croire que des canons de cette espèce seroient préférables aux canons de fonte, pour le service de terre comme pour celui de mer, attendu la légéreté et la plus grande portée. Par terre, on diminueroit les frais immenses qu'occasionnent les transports d'artillerie ; on acquerroit la facilité de trainer ceux de gros calibre dans les montagnes : avantage incalculable pour l'Espagne. Quant au service de mer, les avantages en sont aussi évidens, attendu que les vaisseaux qui portent du douze porteroient du dix-huit ; ceux qui ont du dix-huit auroient du vingt-quatre ; et ainsi, par progression, jusqu'au plus fort calibre. On battroit de très-loin, et long-temps, avant d'être à portée du feu de l'ennemi. En outre, les vaisseaux, moins fatigués à la mer, dureroient plus de temps : il faudroit moins de monde pour le service des batteries ; et dans le cas où des pièces s'évaseroient, on y mettroit des grains aussi facilement qu'à celles en bronze. Un des motifs puissans qui devroit faire adopter ce système d'artillerie, est la preuve acquise que ces pièces ne crèvent jamais en éclat, et qu'elles tirent vingt-deux coups sans avoir besoin d'être rafraîchies.

Ces pièces, bien éprouvées, préférables sous tant de rapports à celles dont on se sert, ont obtenu les honneurs de l'arsenal qui renferme les armures antiques et curieuses. On expose aux yeux du public un des produits de son sol, une des preuves de son industrie; mais on laisse à ses réflexions, et à celles de l'étranger observateur, à calculer le parti qu'on peut tirer d'un aussi grand avantage. Les Anglais, bien différens de nous sous ce rapport, adoptent avec enthousiasme les inventions nouvelles qui peuvent être utiles. En 1791, un Genevois, M. Argand, présenta au roi un modèle de fanal pour éclairer les côtes. Dès l'année suivante, la plus grande partie des côtes étoit éclairée de cette manière, quoiqu'elle fût de l'invention d'un étranger.

Avant de quitter Saint-Sébastien, je ne puis me dispenser de conduire mes lecteurs dans la charmante vallée de Layola : vallée délicieuse, où l'ami de la nature, le solitaire méditateur trouvera des jouissances inconnues à l'homme qui fait consister son bonheur dans le tracas et la dissipation des villes, et où l'amant agité par la passion dont son cœur est troublé, trouvera un calme qui adoucira des peines qu'il croit éternelles ; car les paysages exercent une grande influence sur les idées morales.

En sortant de la ville par la porte de France, on suit une promenade qui est terminée par ce pont en bois sur lequel les curieux vont prendre le divertissement de la pêche du saumon, dont j'ai parlé plus haut. Après avoir joui de ce spectacle vraiment divertissant, avoir admiré la bonté de la Providence, qui envoie une nourriture saine et abondante à des peuples dont les travaux pénibles suffiroient à peine à leur existence, on continue sa route, en laissant sur la gauche un couvent de Franciscains, caché par une touffe d'arbres, et où commence une promenade publique, parallèle au chemin qui conduit au port du Passage. On suit pendant quelques instans un terrain sablonneux, couvert par la mer dans les hautes marées : l'on gravit ensuite ; puis on descend le long d'une côte assez rapide; mais le sentier est ombragé par des arbres de haute futaie, et orné par la nature de jasmins qui embaument l'air, et préparent l'ame à des sensations aussi douces que le parfum qu'ils exhalent. Au bas de la côte, on trouve un pont en bois jeté sur la rivière saumoneuse, qu'on passe pour la seconde fois. C'est là le commencement de la vallée de Layola. Etranglée aux deux extrémités, s'élargissant insensiblement vers le centre, elle est bornée à l'est par des coteaux presque perpendiculaires, couverts de bois, offrant l'aspect d'une nature sauvage, tandis que les coteaux opposés présentent aux derniers rayons du soleil couchant leurs flancs qui déclinent jusqu'aux bords de la rivière, et qui sont couverts des plus riches productions.

La rivière qui, au nord, termine la vallée par un demi-cercle qu'elle décrit au bas de la côte par laquelle on est arrivé, se promène ensuite dans la vallée, en réfléchissant dans ses eaux dormantes, des pommiers, des poiriers, des cerisiers qui couvrent ses rivages, et dont les branches affaissées sous le poid des présens de la nature, s'inclinent vers la terre, se courbent au-dessus des seigles dont les épis se confondent avec le fruit des arbres, et semblent vouloir rivaliser avec eux pour fournir aux besoins du cultivateur. Des sentiers qui n'ont de largeur que celle indispensablement nécessaire au passage d'un homme seul. serpentent au milieu de ces richesses, dont la variété enchante à la fois la vue, le goût et l'odorat. Ces sentiers si étroits, cette rivière dont le cours est si lent, semblent rappeler à l'homme qu'il renferme en lui les sources du vrai bonheur, qu'il n'a besoin que de lui pour être heureux, et que les vraies jouissances, les seules qui soient solides et durables, sont les jouissances tranquilles et uniformes de l'ame.

Les hommes qui courent après ce faux bonheur dont l'amour-propre est la seule base, ceux qui recherchent les yeux du public, les applaudissemens de la multitude, qui font consister toute leur satisfaction dans l'admiration simulée et momentanée des courtisans; ceux qui ne peuvent se distraire que dans le tourbillon du grand monde, qui ne se plaisent que dans les intrigues, et ne vivent que par cet air d'adulation qu'on respire dans les palais;

tous ces êtres, étrangers aux jouissances de la nature, ne doivent pas visiter la vallée de Layola ; car ils ne trouveront que peu d'habitations éparses, et trop séparées pour détruire l'effet de la solitude. Le calme de la vallée n'est troublé que par le bruissement monotone des vagues qui se brisent sur les récifs qui bordent la mer. Ce bruissement est adouci par l'éloignement, qui le transforme en un murmure sourd auquel se mêle le gazouillement des oiseaux qui se disputent le prix du chant dans ces bocages délicieux. La chanson rustique d'une paysanne employée aux travaux de la culture, vient quelquefois vous tirer de cette rêverie si douce, mais si dangereuse pour l'être sensiblement organisé.

Non loin du centre de la vallée, en suivant le pied des coteaux de l'est, on trouve dans un enfoncement un roc élevé et à pic : une eau claire et savoureuse en jaillit par une fente qui est à la hauteur de sept à huit pieds de sa base : le bruit qu'elle fait en tombant est mélancolique; et l'amant qui visite la vallée ne peut dépasser cet endroit sans lui faire hommage de ses souvenirs. Il s'asseoit ; sa mémoire va chercher dans son ame l'objet dont il a à se plaindre ; son cœur est oppressé ; il exhale un soupir confident de ses douleurs : il lève vers le ciel des yeux mouillés de larmes ; il va se plaindre de son infortune, mais ses regards sont arrêtés par un chêne antique dont la tête vénérable est dépouillée par les ans : il fut sans doute placé là par un être consolateur, pour apprendre au malheureux que rien n'est durable ici-bas.

Route de Saint-Sébastien a Bilbao.

A l'extrémité de la langue de sable qui joint Saint-Sébastien au continent, on trouve une côte rapide, du sommet de laquelle on plane sur la ville et sur une étendue de mer qui n'a de borne que l'horizon. On suit la crête de cette montagne pendant trois quarts de lieue, et par un très-beau chemin qui va joindre à Hernani la route de Madrid.

Hernani est agréablement situé dans un vallon étroit. On y remarque beaucoup d'activité produite par les fabriques d'armes et de clous qui sont établies dans ce bourg.

En quittant Hernani, on suit pendant trois lieues les coteaux, qui se séparent à Andoya, pour abriter au nord et au sud une vallée très-étroite, que fertilise la petite rivière d'Oria. Rien n'est joli et frais, rien n'est aussi romantique que la perpétuelle variation des sites qui se présentent au voyageur qui admire la nature et se plait dans ses contrastes. Ici, c'est tout le luxe de la culture : des champs, des collines couvertes de blés dont les épis se mêlent avec la fleur de fèves de marais, dont, suivant l'usage du pays, on a confondu les semences. Là, des mûriers, des noyers, des arbres fruitiers en quantité, dont les masses entourent la maison du propriétaire : maison petite, mais dont la blancheur extérieure ressort agréablement sur les diverses teintes de ces arbres de différentes espèces. Quelquefois les coteaux qui bordent la vallée sur la gauche, s'ouvrent tout-à-coup et laissent apercevoir d'autres coteaux fuyant les uns derrière les autres, en présentant un amphithéâtre de forêts ; tandis que, sur la droite, de hautes montagnes dénotent, par leur hideuse aspérité, qu'elles arrêtent sur leur crête les froids et l'âpreté du nord. Au détour du chemin, sur le penchant d'une colline, on aperçoit aussi, de distance en distance, un village composé de peu de maisons : l'église est le bâtiment le plus magnifique ; et on devine aisément que les paroissiens sacrifient leur superflu, peut-être même une partie de leur nécessaire à l'embellissement de la demeure du Dieu qui protège leur famille et leurs maisons. La rivière d'Oria, dont on remonte le cours, tour-à-tour rapide et paisible, écumante et limpide, serpente à travers des vallées tortueuses et étroites, entremêlées de maisons, de bois et de rochers. Tantôt elle baigne les murs de la chaussée sur laquelle on chemine; et tantôt, disparoissant aux yeux du voyageur, elle reparoît ensuite à travers les feuillages des arbres d'un verger : la scintillation de ses eaux, produite par la réfraction du soleil, se mêle à la verdure toujours printanière de ces arbres fruitiers; et l'effet de ce tableau est vraiment ravissant. Après avoir arrosé des prairies dont elle fait toute la richesse, elle trouve des rochers qui nuisent à son cours autant qu'à la navigation; et après leur avoir, pour ainsi dire, disputé le terrain, elle se précipite en cascades moins imposantes que celles du Niagara ou du Rhin : mais si sa chute ne surprend pas les sens, elle leur fait éprouver des sensations plus douces. Partout cependant le but de la nature est rempli; partout cette rivière est d'une utilité majeure : dans la plaine, elle fertilise les moissons; au bas de la cascade, elle fait mouvoir les rouages des martinets qui broient le fer qu'on extrait des mines dont j'ai parlé.

Il m'a paru qu'il seroit facile de creuser un canal qui seroit alimenté par les eaux de l'Oria, et par celles que fournissent les montagnes, qu'on ramasseroit à cet effet. Ce canal, qui commenceroit à Tolosa, aboutiroit à Saint-Sébastien, et seroit d'un grand avantage, soit pour le transport des bois de construction qu'on tire des forêts qui couronnent ces montagnes, soit pour celui des ancres des vaisseaux de guerre. Ces transports se font avec des bœufs, et sont par conséquent lents et coûteux.

Les fabriques d'ancres, celles pour les baïonnettes, épées, sabres; celles pour les clous, pour les batteries de cuisine en fer battu, méritent l'attention du voyageur: il y remarquera des machines ingénieuses et curieuses par leur mécanisme. Elles sont d'invention espagnole, et feroient honneur au génie des Anglais.

En quittant Tolosa, on laisse sur la gauche le chemin qui conduit en Navarre, et on continue à remonter le cours de l'Oria, que l'on passe et repasse plusieurs fois, mais toujours sur des ponts aussi solides que beaux. Après avoir fait trois lieues dans une gorge qui, en quelques endroits, n'a de largeur que celle de la rivière et du chemin, on monte à Villa-Franca, ville joliment située sur une hauteur isolée, au centre de la petite plaine qu'elle domine. A quatre lieues de Villa-Franca, on gravit une montagne rapide, où l'Oria prend sa source, et dont les flancs, en partie boisés et partie cultivés, offrent des situations très-pittoresques. Sur le revers opposé, on trouve les villes de Sumara et de Villa-Réal, qui ne sont séparées que par une promenade commune aux deux endroits.

Ces deux villes sont situées dans un affaissement de montagnes qui les entourent de leur sommité couverte de forêts, et ne leur laissent qu'un débouché du côté du sud. Pendant une lieue, on suit ce débouché; et par une pente presque insensible, on arrive au pied d'une côte longue et rapide, dont la crête, très-élevée, porte le nom de *Puerto Descarga*. On a devant soi un défilé long et étroit : les montagnes qui le bordent sont, du côté du nord, couvertes par le prolongement des forêts qui dominent Sumara et Villa-Réal ; celles au sud sont parsemées de bruyères, de champs et de quelques bouquets de bois. Il faut une heure et demie pour descendre du Puerto Descarga, et gagner le défilé, qui devient si resserré au village d'Oronsura, que le grand chemin en occupe toute la largeur. C'est par cette gorge qu'on arrive à Bergara, situé sur une éminence. Cette ville n'a de remarquable qu'une école patriotique pour la métallurgie, et une pour l'éducation des fils de gentilshommes pauvres.

En jetant un coup d'œil militaire sur le pays qu'on traverse depuis Yrun, on trouve à chaque pas des positions avantageuses, soit pour le développement de corps considérables, soit pour l'établissement d'embuscades dans lesquelles tomberoit un ennemi qui ne connoîtroit pas les localités. Cette partie de l'Espagne est, plus qu'aucune autre, susceptible d'être défendue pied à pied; et on y rencontre des positions telles, qu'avec deux cents hommes bien commandés on en arrêteroit dix mille.

Lorsqu'on est en voiture, et qu'on veut gagner Bilbao en suivant le grand chemin, on est obligé de passer par Mondragon. C'est à cette dernière ville qu'on trouve l'embranchement qui conduit dans la capitale de la Biscaye : on pourroit y arriver plus directement, si le gouvernement de cette province, qu'on appelle *el Segnorio*, rendoit praticables

les trois lieues qui séparent la ville la plus considérable de leur république, de Durango, qui y tient le second rang.

Lorsqu'on voyage à cheval, on abandonne à Bergara le chemin qui conduit dans la Castille, et qui passe sous les bastions de la forteresse de Pancorbo : on prend alors une route de traverse; et après avoir grimpé pendant deux heures, et par un chemin abominable, à travers un bois de chênes, on arrive à Elgetta, majestueusement située en face du port Descarga. Cette ville est la frontière de la province du Güipuscoa, du côté de la Biscaye, dont le territoire commence à moitié du revers de la montagne opposé à celui qu'on vient de gravir. Au bas de cette montagne est la ville de Lorio, première dépendance du Segnorio de Biscaye. En descendant d'Elgetta, on jouit d'une perspective très-agréable, formée par les maisons de Lorio, toutes fort blanches, et couvertes de briques dont le rouge foncé est jeté en masse au milieu de champs dorés par les moissons, et entremêlés de prairies toujours fraîches et fleuries. Cette plaine, d'une végétation active et forte, est entourée par des coteaux très-cultivés, qui sont surmontés à l'ouest par des roches en granit, du centre desquelles s'élancent dans les nues des pics semblables à de hautes pyramides, et dont la qualité attractive forme de véritables aiguilles électriques, qui fixent autour d'eux les vapeurs de l'atmosphère, et accumulent sur leur tête les nuages et les tempêtes.

En longeant ces roches, qu'on laisse cependant à une assez grande distance sur la gauche, on éprouve une altération sensible dans la température, qui devient très-froide. On retrouve un climat doux et agréable en approchant de Durango. De cette ville, pour gagner Bilbao, on marche pendant cinq heures, et presque toujours dans des bois qui fournissent à la construction des navires.

Malgré la continuelle variation de l'atmosphère qui règne dans ces montagnes, et les brouillards qui y sont fréquens, la fraîcheur du teint des habitans, la beauté du sexe, attestent la pureté de l'air et la salubrité des eaux.

La Biscaye.

Avant d'entrer en matière, et de décrire la Biscaye telle qu'elle est présentement, il est à propos de donner un aperçu rapide des événemens politiques dont cette province a été le théâtre dans les siècles précédens.

La Biscaye, divisée maintenant en trois provinces distinctes par leurs privilèges et par leurs droits, n'en formoit qu'une, sous le nom de Cantabria, lorsqu'en l'an 693, après la fondation de Rome, Jules-César envahit l'Espagne. Les Cantabres seuls, retirés dans leurs montagnes, échappèrent au joug des Romains. Au commencement du règne d'Auguste, enhardis par leurs succès, et aidés par les peuples des Asturies et de la Galice, qu'ils avoient entraînés dans leur alliance, ils prirent l'offensive et désolèrent les pays limitrophes au leur, qui étoient sous la domination romaine. Auguste, craignant les suites de cette guerre intestine, fit des levées nombreuses, et rassembla, près d'Aspeitia, dans le Guipuscoa, une armée formidable, dont il donna le commandement à Agrippa, généralissime des troupes de l'empire. Battus dans les plaines de Vittoria, les Cantabres se retirèrent de nouveau dans les montagnes de Beisama. Ils s'y défendirent avec une telle vigueur, qu'honteux de ne pouvoir les vaincre par la force des armes, les Romains prirent le parti de les réduire par la famine : ils leur coupèrent en conséquence toute communication avec les pays qui leur fournissoient des approvisionnemens. Les Asturiens, retranchés dans Oviedo, furent obligés de se rendre après un siége long et pénible ; les Galiciens, cernés dans la montagne de Mandulia, préférèrent la mort à la honte de mettre bas les armes ; et les Cantabrois, ou Biscayens des montagnes de Beisama, plutôt que de subir un esclavage humiliant, se dévouèrent à une mort héroïque : ils s'entre-tuèrent, soit par le fer, soit par le poison.

Cette guerre ainsi terminée, en l'an 714, après la fondation de Rome, Auguste fut en Biscaye, distribua des terres à ses soldats; et pour se prémunir contre une nouvelle révolte de la part des natifs du pays, il prit un certain nombre d'otages, qu'il choisit parmi les notables de la province conquise. Malgré toutes ces mesures, ils reprirent les armes, mais furent de nouveau réduits sous Agrippa, l'an 15, après la naissance de Jésus-Christ. Enfin Tibère, pour contenir ces peuples remuans et sauvages, fut contraint de couvrir de ses troupes la Cantabre en entier, et fit élever des forts de distance en distance. C'est par le commerce continuel avec les soldats romains que les Biscayens, oubliant progressivement leur ancienne rusticité, s'humanisèrent et se policèrent.

Lorsque ces peuples barbares et guerriers, les Vandales, les Suèves, les Alains, les Silingiens et les Goths, descendant du septentrion, vinrent se jeter sur les provinces romaines, et les couvrirent de leurs brigandages, depuis l'an 410 jusqu'en l'an 451 de l'ère chrétienne, les Biscayens et les Galiciens virent paisiblement, du sommet de leurs montagnes, les Romains chassés des provinces centrales d'Espagne, et obligés par Euric, roi des Goths, de se retirer vers le détroit de Gibraltar, et dans cette partie de l'Andalousie, dans laquelle ils se maintinrent jusqu'en l'an 614, époque de l'expulsion totale des Romains, du reste de leurs possessions en Espagne.

On vit à cette époque les Cantabrois résister

seuls à toutes les forces des Romains, et donner au monde l'exemple d'une peuplade intrépide, conservant pendant cent ans sa liberté intacte au centre de l'Espagne et des Gaules asservies. Ce que les Romains n'avoient pu faire, les Visigoths l'exécutèrent; et Leuvigilde, leur roi, à la tête d'une armée nombreuse, entra en Biscaye, et n'éprouva qu'une légère résistance de la part des habitans.

Lorsqu'en 714, les Maures eurent conquis le midi de l'Espagne, les soldats vaincus, les Chrétiens chassés de leurs foyers, et fuyant les persécutions de ces nouveaux conquérans, profanateurs des lieux saints, trouvèrent un asile dans les montagnes de la Galice, dans celles des Asturies et de la Biscaye. Là, retirés dans des lieux inaccessibles, dans des rochers escarpés, dans des forêts impénétrables, et ayant à leur tête Pélage, duc de Biscaye, proclamé roi d'Espagne en 716, ils se défendirent contre tous les efforts des Maures. En 919, Abderame Almancar, roi de Cordoue, pénétra en Galice, après la sanglante bataille de Mindonia; mais la Biscaye résista. Elle fut gouvernée, pendant ce temps, d'abord par des ducs, ensuite par des comtes. L'an 1333, le roi de Castille, don Alphonse XI, soumit enfin la Biscaye, après avoir défait l'armée de don Jean Nugnez de Lara, seigneur de Biscaye, qui s'étoit lié avec le roi d'Arragon, afin de ravager les possessions du roi de Castille. Il convoqua une assemblée générale de Biscayens; et après leur avoir accordé, pour lui et ses successeurs, le privilége de se gouverner suivant leur constitution; avoir consenti à ne prendre, vis-à-vis d'eux, que le titre de seigneur, il reçut leur serment d'obéissance et de fidélité. Cette cérémonie se fit sous l'arbre de Guernica, dont nous parlerons incessamment. Quelques forts et quelques châteaux, avantageusement situés, refusèrent de se soumettre au vainqueur, et tinrent pour le seigneur de Lara, long-temps encore après la soumission de la province.

En 1370, le roi de Castille donna la principauté de Biscaye et la seigneurie de Lara à son fils, l'infant don Jean. Depuis cette époque, cette province est demeurée incorporée à la couronne de Castille, en conservant ses priviléges, qu'à leur avénement au trône les rois d'Espagne jurent de maintenir.

En 1476, Ferdinand et Ysabelle, ayant

achevé d'expulser les Maures d'Espagne par la conquête de Grenade, voulurent donner une grande authenticité à la prestation du serment de maintenir les priviléges des Biscayens. Ils se rendirent à l'assemblée générale de cette province; et, selon l'antique usage, étant allés dans le village du Guernica, après y avoir entendu la messe dans l'église de Sainte-Marie de la Antigua, ils furent se placer sous un vieux arbre qui est en rase campagne, et qui est aussi vénéré des Biscayens que le chêne hospitalier de la forêt de Strafford, qui déroba l'infortuné Charles II aux recherches régicides de ses sujets révoltés. Là, assis sur une pierre, ils jurèrent de maintenir dans toute leur intégrité les priviléges (*fueros*) de la province: ils reçurent ensuite le serment de fidélité des Biscayens, et leurs députés baisèrent les mains des souverains, en signe de foi et hommage. C'est sous ce même arbre de Guernica, c'est sur la même pierre, que siégent encore les juges qui ont à procéder pour cause de rebellion.

La reine Jeanne, qui succéda à Ferdinand et Ysabelle; don Carlos, son fils, et ses successeurs, ont, à leur avénement au trône, confirmé par lettres-patentes le serment d'usage:

mais ils ont réformé la cérémonie de l'arbre de Guernica.

Les priviléges que les Biscayens sont si jaloux de conserver, que la plus légère infraction est pour eux un motif plausible de révolte, sont :

1°. De se gouverner suivant leurs lois anciennes.

2°. De n'avoir dans toute l'étendue de leur république ni troupes, ni forteresses.

3°. De n'avoir pas de douanes, et de ne pas être assujétis aux papiers timbrés.

4°. De ne supporter d'autres taxes que celles qu'ils s'imposent eux-mêmes, et qui doivent fournir, soit à leurs dépenses intérieures, soit au paiement du don gratuit (*donativo*) qu'ils se sont engagés de faire annuellement, et dont la somme est relative aux demandes du seigneur de Biscaye, qui est le roi d'Espagne. Le donativo des années dernières fut de 6,000,000 de réaux (1,500,000 liv. tournois).

5°. D'être exempts des levées ordinaires de troupes de terre ; mais ils sont contraints de fournir des marins, d'après les demandes du roi : et lorsque le salut de l'Etat l'exige, ils doivent aussi fournir des troupes de terre. Dans la guerre de 1793, le Segnorio de Biscaye fournit cinq mille cent hommes à l'armée qui couvroit le Guipuscoa. Ces hommes furent armés et payés par la province. Dès que les Français eurent forcé les lignes d'Yrun, et dépassé les frontiéres, la Biscaye se leva en masse, et mit vingt-quatre mille hommes sous les armes. Huit mille d'entr'eux furent envoyés à l'armée du roi, et les seize mille restant furent destinés à couvrir la province : ils donnèrent des preuves de courage dans la défense des villages de Ondarroa, d'Hermua et de Berriatua, qu'ils ne purent cependant empêcher d'être incendiés par les troupes ennemies.

Lorsque le roi se met en campagne, par un des articles de leurs engagemens vis-à-vis de leur souverain, les Biscayens sont obligés de marcher en masse, et de s'entretenir à leurs frais et dépens jusqu'à l'arbre de Malato, qui est sur les confins du territoire de Lujaondo : quand une fois ils ont dépassé cet arbre, le roi est obligé de les payer pendant deux mois; et pendant trois, si l'armée sort des montagnes.

La Biscaye fournit d'excellens matelots; et dans la liste des bons officiers de mer et de terre, on trouve beaucoup de Biscayens. Mais il est difficile de s'imaginer à quel point le Biscayen porte le dégoût du service de terre : dégoût fomenté et entretenu sans doute par un esprit national, et qui a pour base le maintien des priviléges de la république. Je suis persuadé que dans les régimens de ligne, on ne trouveroit pas un Biscayen engagé volontairement.

Le Guipuscoa jouit des mêmes priviléges que la Biscaye, à l'exception cependant que, se trouvant frontière du royaume, cette province reçoit des garnisons, et est défendue par des places fortes. Elle a un commandant général, qui ne s'ingère en aucune manière dans la gestion civile. Il s'entend seulement avec les alcades pour tout ce qui est relatif au militaire.

En 1330, le roi de Castille, don Alphonse, étant à Burgos, la province d'Alava, dont Vittoria est la capitale, lui envoya des députés pour lui offrir la souveraineté. Les peuples de cette république, jadis si jaloux de leur liberté, sentirent qu'ils ne pouvoient être vraiment et solidement heureux que sous un gouvernement paternel ; et par acte du 2 avril 1332, don Alphonse assura aux peuples de l'Alava la conservation de leurs priviléges dont ils jouissent encore, et qui consistent principalement à ne pouvoir être imposés à de nouvelles taxes sans leur consentement, et à se gouverner suivant le code de lois de Calahora, qu'ils avoient adopté. Ainsi la conviction de leur félicité opéra sur eux le sacrifice d'une liberté qu'ils avoient défendue avec tant d'énergie, et que divers princes avoient inutilement tenté de leur ravir par la force.

Du moment que l'Alava fut incorporée à la couronne de Castille, elle fut soumise aux règlemens qui régissent cette province, et qui ne se trouvoient pas en opposition avec les priviléges accordés. Lorsque les douanes furent établies en Espagne, Vittoria fut un des points principaux choisi pour la visite des effets et marchandises qui entrent ou qui sortent par cette route. Cette douane est une des plus intéressantes du royaume, comme étant sur la route de communication la plus directe de l'intérieur de l'Espagne avec la France.

Quoique ces trois provinces de Guipuscoa, de Biscaye et d'Alava, jouissent, quant au fond, des mêmes prérogatives, elles se distinguent cependant entr'elles; et les habitans respectifs trouvent fort mauvais qu'on les confonde. Leurs intérêts sont très-séparés, et ils en sont tous fort jaloux. Au mois de juillet 1804, les villages, ou suivant l'expression du pays, les républiques de Jemein, d'Echevarria et de Berriatua, en Biscaye, représentèrent à l'assemblée générale, que les habitans des républiques ou villages limitrophes appartenant au Guipuscoa, envoyoient leurs troupeaux pâturer dans leurs montagnes; et ils demandèrent qu'on prit des mesures pour garantir les limites de la province de pareilles violations.

Après avoir donné un aperçu de l'histoire de la Biscaye généralement parlant, c'est-à-dire de la réunion des trois provinces, nous parlerons du gouvernement de la Biscaye proprement dit, et nous présenterons les causes qui ont motivé la rebellion qui eut lieu en 1805, dans quelques villages avoisinant la ville de Bilbao, capitale de la province.

La république de Biscaye, qu'on appelle en espagnol *el segnorio de Biscaya*, se compose de cent dix républiques confédérées; c'est-à-dire, de cent dix villes, bourgs ou villages. Les villes sont gérées suivant les lois de Castille; mais les bourgs et villages ont leurs lois particulières, qui diffèrent essentiellement les unes des autres : ce qui occasionne quantité de discussions interminables, par la facilité que ces divers codes de lois offrent à la chicane et à la mauvaise foi. On désigne sous le nom d'*Infanzonado* l'amalgame de ces républiques de bourgs et villages.

Cet Infanzonado, où chaque bourg et village nomme ses députés à l'assemblée générale. Pour avoir le droit de voter et celui d'être élu, il faut être noble; c'est-à-dire, né Biscayen, et propriétaire d'un bien valant 12,000 réaux (3,000 liv.), non de revenu, mais de capital. Ces députés, réunis à ceux nommés par les républiques-villes, s'assemblent tous les deux ans pour réviser les comptes, nommer six députés, qui doivent résider à Bilbao pendant le temps qu'ils sont en fonctions, et discuter les intérêts du segnorio. De ces six députés, deux seulement sont chargés du gouvernement de la province, et disposent des revenus de la république, dont ils rendent compte à l'assemblée, qui leur nomme des successeurs. Les quatre autres ne sont que suppléans. Il est inutile d'observer qu'ainsi que dans toute élection populaire, l'intrigue et la séduction, plutôt que le mérite, déterminent les nominations.

Le roi est représenté par un corrégidor, dont les fonctions consistent à surveiller les intérêts du souverain, et à communiquer ses demandes à la république.

BILBAO.

BILBAO, capitale de la Biscaye, fut fondée par don Diego Lopez de Haro, en 1300. Cette ville est petite, mais bien bâtie, et sur un plan régulier; les rues principales sont tirées au cordeau; les maisons sont grandes et élevées. Avant le souièvement de 1805, aucune voiture ni charrette ne pouvoit rouler dans l'intérieur de la ville : les transports des marchandises se faisoient à dos de mulet, ou sur des espèces de traîneaux attelés de bœufs. La population de Bilbao est de douze à treize mille ames.

Situé sur la rive droite du Narbion, rivière qui prend sa source à quelques milles au-dessus cette ville, et qui se jette dans la mer à Porto-Galette, village à deux lieues de la capitale, Bilbao occupe en partie l'espace resserré entre le Narbion et les montagnes qui sont au sud : la partie de cette plaine qui n'est pas ville, est plantée d'arbres, et forme une promenade délicieuse qu'on appelle l'Arenal. Cette promenade suit le cours de la rivière, qui est animée par un grand nombre de bateaux qui vont et viennent sans cesse, et contribuent beaucoup à l'agrément de la situation vraiment romantique de cette capitale. De quelque côté qu'on en sorte, on jouit d'un paysage frais, diversifié et agréable. Le climat en est sain, malgré la grande variation de l'atmosphère et l'humidité qui y règne: cause principale sans doute des mauvaises dents qu'on remarque aux habitans.

Le Narbion n'est navigable pour les gros navires qu'à marée haute; encore sont-ils obligés de s'arrêter à Olaviaga, village à une lieue de l'embouchure de la rivière. A basse mer, les canots les plus petits ont de la peine à remonter d'Olaviaga à Bilbao, malgré les dépenses considérables qu'on a fait pour encaisser le Narbion entre deux quais qui partent de la capitale, et qui arrivent presque sans interruption jusqu'à Porto-Galette.

Le gouvernement intérieur de Bilbao est confié à une municipalité (*ayuntamiento*); le commerce y a un consulat, dont les membres sont choisis parmi les négocians de la place: et ces deux autorités, qui devroient se concerter et s'entendre pour le bien commun; sont toujours en rivalité de pouvoir, et en contradiction de décisions. On reproche au consulat d'avoir usurpé le droit d'imposer un droit d'ancrage sur les navires qui entrent en rivière : droit que le segnorio n'a jamais accordé, et que le roi n'exerce pas. Les villages qui bordent le Narbion, depuis son embouchure jusqu'à Bilbao, se plaignent aussi que le consulat s'est arrogé le droit de mettre une taxe sur les chargemens et déchargemens de navires qui abordent à leur plage, et qui n'arrivent pas jusqu'à la capitale. Ceux qui y remontent ne paient aucun droit ; et cette prérogative, si contraire aux lois d'une république, indispose beaucoup ceux qui en souffrent, et occasionne de leur part de vives réclamations, et des procès qui se terminent toujours à l'avantage des consuls, juges intéressés dans tous les litiges relatifs au commerce. On a été jusqu'à accuser quelques-uns d'entr'eux de faire tourner à leur profit personnel le produit de ces taxes, qui devroit au moins être employé aux dépenses de la province. En vain a-t-on voulu parer à cet inconvénient, en changeant chaque année les membres du consulat et de l'ayuntamiento :

malgré leur amovibilité, et la révision des comptes, à laquelle ils sont assujétis, ils trouvent et le temps de satisfaire leur cupidité, et les moyens de se soustraire à toute recherche sur leur gestion. C'est ainsi que, dans tout Etat qui n'est pas gouverné par un seul, on a vu et on voit des ambitieux s'entourer d'un système de bien public apparent, pour cacher leurs rapines. C'est sûrement par une de ces vues peu patriotiques que la ville de Bilbao s'est toujours opposée à l'ouverture de chemins qui, partant de Durango, centre de la province, aboutiroient à ses différens ports. Le commerce général y gagneroit; les côtes se vivifieroient, et partageroient l'abondance et les richesses de la capitale: mais comme ce seroit à ses dépens, elle s'est toujours refusée à cette extension de prospérité qu'elle concentre en elle-même.

En 1762, les Biscayens, desirant augmenter le commerce de leur province, conçurent le projet d'étendre la ville de Bilbao au-delà du Narbion. Ce projet fut proposé et développé à l'assemblée générale; mais, la majorité étant composée des négocians de Bilbao, trop intéressés à ce que le commerce restât exclusivement entre leurs mains, l'assemblée refusa l'admission du plan, après en avoir combattu les bases. Les Biscayens, animés par l'intérêt général, s'adressèrent à la cour, et députèrent M. Barbachano pour représenter au marquis de Grimaldy, alors ministre, les avantages qui résulteroient de l'établissement d'une ville sur la rive gauche du Narbion, dans la partie opposée à Bilbao, et sur le territoire du village d'Abando. De leur côté, les membres de l'assemblée générale, opposés à ce projet, représentèrent que ce nouvel établissement seroit contraire aux intérêts du roi, attendu que le territoire d'Abando étant, disoient-ils, distant de Bilbao de trois lieues, la nouvelle ville deviendroit un entrepôt de contrebande. Le ministre, ne pouvant se douter que les députés de la Biscaye eussent des vues contraires à la prospérité de leur pays, décida en faveur de l'opposition. Le plan fut rejeté, et ceux qui l'avoient conçu passèrent pour des intrigans. Ayant quitté le ministère, et passant par Bilbao, le marquis de Grimaldy vit par lui-même la position d'Abando : il découvrit alors l'intrigue, et il témoigna du repentir d'en avoir été dupe; mais il étoit trop tard.

En 1801, les habitans des côtes et de l'intérieur de la république, eurent la majorité dans l'assemblée générale : ils revinrent sur le projet de 1762; et, considérant que Bilbao s'enrichissoit aux dépens des villes des côtes, auxquelles cette capitale avoit enlevé le droit de commerce libre, pour se l'approprier exclusivement (infraction si évidente aux priviléges, qui accordent à chaque port de la province le droit de commercer librement sur toute espèce de marchandises), elle recourut au monarque: et cette fois, le ministre, prince de la Paix, après avoir pris des renseignemens exacts sur les représentations et les plans des Biscayens, obtint l'ordre du roi pour l'établissement d'un port au district d'Abando, séparé de Bilbao, comme nous l'avons dit, seulement par la rivière. Cet ordre fut signé le 26 janvier 1801. La ville de Bilbao vit avec peine la source de ses richesses s'étendre sur le reste de la province, et le consulat vit s'anéantir tout espoir d'exactions futures : le patriotisme s'éteignit devant l'égoïsme, et on porta en cour les mêmes oppositions qu'en 1762. Le corrégidor fit passer au ministre les représentations des habitans et des consuls de Bilbao. S. M. ordonna qu'on prît des informations à ce sujet ; mais, dans les deux séances de l'assemblée générale de la province, des 7 et 8 juillet, même année 1801, don Joseph-Joachim de Loyzaga, don Nicolas Ventura de Eguia, don Joseph Ibanez de la Renteria, et don Francisco de Aranguren, furent députés à S. M. pour « solliciter de nouveau, de la part de la majeure partie des Biscayens, et démontrer l'utilité de l'établissement d'un port au village d'Abando, ou dans tout autre endroit riverain du Narbion, en accordant audit port les mêmes priviléges de franchise dont jouit celui de Bilbao, seul moyen d'alimenter le commerce général. » *Solicitar de S. M. se dignase habilitar a la ante yglesia de Abando, ó otra de los situados a la margen de la ria, para establecer y fomentar en ella el comercio con la misma libertad de carga y descarga que lo hace la villa de Bilbao.* Le 25 décembre, le roi confirma l'ordre du 26 janvier.

La ville et le consulat ne se tinrent pas pour battus : ils nommèrent et convoquèrent des députés pour faire révoquer la décision du roi. Le segnorio, de son côté, fut obligé de nommer une députation pour contrarier celle qu'envoyoient les opposans. Don Joseph Maria de Orbe, et don Simon Bernardo de Zamacola, furent chargés de se rendre près Sa Majesté, et de lui représenter de nouveau « que l'intérêt général de la province demandoit l'exécution des ordres donnés; et qu'en s'y opposant, les habitans de Bilbao n'avoient d'autre but que de contrecarrer et d'entraver les desirs de la majorité de leurs compatriotes, et de maintenir l'intérieur du pays dans un état de pauvreté et de misère, telle que le roi ne pourroit en attendre aucun secours, soit pour le paiement des dettes de l'Etat, soit pour l'acquit des pensions. » *Que los fines de los Bilbainos en tales mavimientos no eran otros que enterponer y dilatar todas las solicitudes de la universalidad del pais, y mantenerle en un estado de pobre y miserable, para que no padiese hacer servicios à S. M. ni salir de sus dendas y pensiones.* (Extrait *de los Amendos de Juntas generales de este M. N. y M. L. segnoria de Biscaia de* 1804.)

Ces députés se rendirent à Valence, où la cour se trouvoit alors: forts de leur conscience, et des motifs vraiment patriotiques qui dirigeoient leurs démarches, ils se présentèrent avec l'assurance que donne le bon droit, et ils déduirent au prince de la Paix « les motifs purs de l'assemblée générale, contrastant avec les persécutions continuelles, les procès injustes et les perpétuelles vexations que les habitans de la province éprouvoient de l'union des trois autorités prépondérantes dans Bilbao, le corps de ville, le consulat et les habitans : » *Las rarones del segnorio, y la persec-cucion é injustos pleytos y contradicciones que sufria por la union de los tres paderosos cuex-pos de villa, consulado, y proprietario de Bilbao.* Le roi envoya au conseil la révision définitive de cette affaire; et sur le rapport qui lui en fut fait, il rendit un arrêté, le 17 novembre 1803, qui porte que la décision du 25 décembre 1801 devoit être suivie sans plus de représentations. L'assemblée générale de Biscaye, en témoignage de sa reconnoissance, offrit au roi 1,000,000 de réaux (375,000 l.) pour subvenir aux frais que venoit d'occasionner le mariage du prince des Asturies. Elle sollicita Sa Majesté de lui permettre d'imposer le nouveau port pour le paiement de ladite somme; et pour offrir un témoignage éternel de sa reconnoissance au prince de la Paix, dont l'influence avoit déterminé l'heureuse issue d'une affaire qui tournoit à l'avantage de la province et du royaume ; l'assemblée demanda que ce nouveau port prît le nom de *Port de la Paix ;* ce que le roi accorda par cédule du 24 février 1803.

Cette victoire remportée par les habitans des côtes et de l'intérieur de la province de Biscaye, sur les habitans cupides et égoïstes de leur capitale, occasionna parmi ces derniers un mécontentement extrême. Voyant que toute nouvelle représentation leur étoit interdite, et que toutes les intrigues échoueroient devant la loyauté et l'intégrité du prince de la Paix, ils voulurent intimider le gouvernement, et obtenir par les armes ce qu'ils n'avoient pu arracher par leurs fausses insinuations. Bientôt le cri de guerre retentit dans Bilbao; les habitans se rassemblent : prêtres, religieux, propriétaires, négocians, s'unissent, et s'imposent une taxe de 6 pour 100 sur leurs revenus, pour fournir aux frais des nouvelles mesures qu'ils méditoient pour s'opposer à l'exécution de l'ordre royal. Mais avant d'en venir aux voies de fait, ils députèrent de nouveaux envoyés à la cour. Dans cet état de choses, c'étoit moins une représentation respectueuse de la part de sujets soumis, qui se croient lésés, qu'une sommation insultante de la part de sujets révoltés. Ces députés partirent sans communiquer l'objet de leur mission au corrégidor, (le représentant du roi). Cette première marque ostensible d'insurrection fut blâmée par l'assemblée générale.

Pendant que ces députés alloient porter au pied du trône le défi des insurgés, car c'est ainsi qu'on peut appeler une contravention si manifeste aux ordres précis du souverain, les moteurs de ces troubles usoient de tous les moyens pour entraîner dans leur parti les habitans du district d'Abando, et des villages riverains du Narbion. Les premiers furent entraînés dans une cause si diamétralement opposée à leur propre intérêt, puisque l'établissement ordonné portoit chez eux l'abondance, dont ils n'avoient que la perspective pendant qu'elle se répandoit exclusivement dans la capitale. Ils s'unirent d'abord aux insurgés ; mais bientôt éclairés sur leurs vrais intérêts, et suivant les avis de quelques personnes sages qui leur firent voir l'abyme dans lequel on vouloit les plonger, ils confessèrent que la résistance qu'ils avoient montrée aux volontés du roi, n'étoit que le résultat de l'intrigue et de l'aveuglement ;

ment ; qu'ils reconnoissoient que l'établissement accordé par S. M. devoit être considéré comme un de ses bienfaits pour la prospérité de ses sujets. En conséquence, le 22 avril 1804, ils envoyèrent à l'assemblée générale un acte d'adhésion et de remercîment, en suppliant qu'on effaçât des registres les actes d'opposition faits en leur nom par don Leonando de Letona et don Santiago Baragnano ; considérant toute opposition comme contraire aux intérêts de la république en général, et à ceux de leur district en particulier.

A cette époque, l'Espagne se déclaroit contre l'Angleterre ; et la politique de l'Europe, qui forçoit les puissances continentales de prendre une attitude imposante, contraignit S. M. C. à ordonner une levée extraordinaire pour le recrutement de son armée. Chaque province fut assujétie à une répartition relative à sa population ; et la Biscaye dut fournir 700 hommes. Le segnorio fit des représentations, quoique par l'article 22 du chapitre des *fueros*, il soit obligé de fournir la quantité d'hommes que le roi demande : il finit par offrir au généralissime de lever en masse la province pour la garde des côtes, se chargeant de l'armement complet des hommes qu'on y emploieroit, d'établir des batteries garnies de pièces de gros calibre, et de fournir les poudres et autres munitions nécessaires tant que la guerre dureroit. Cette compensation fut acceptée; et l'assemblée générale ordonna les mesures nécessaires pour l'accomplissement des engagemens qu'elle venoit de prendre. Les habitans de Bilbao profitèrent de cette circonstance pour entraîner dans leur révolte les habitans des républiques riveraines du Narbion, qui flottoient encore entre la soumission aux volontés du roi et la condescendance aux insinuations des Bilbaïens. On leur représenta cette levée en masse comme une infraction à leurs priviléges, et on leur persuada que la Biscaye seroit dorénavant assujétie à la formation des milices, telles qu'elles existent dans le reste du royaume. Il n'en falloit pas davantage pour déterminer l'insurrection. Sept à huit cents hommes des républiques de Begogna, d'Albia, de Deusto, de Baracaldo, d'Erandio, prirent les armes, et marchèrent sur Bilbao, pour se venger des députés qu'on leur avoit peint comme traîtres à leur patrie. Ils les trouvèrent à l'hôtel-de-ville, les sommèrent de leur remettre la caisse du segnorio ; et après s'en être emparés, ils les conduisirent en prison. Ils emprisonnèrent aussi le corrégidor, qui est l'homme civil représentant le souverain. Ils revinrent le lendemain, forcèrent la poste aux lettres, en saisirent la caisse, et ouvrirent les lettres. Pendant ces expéditions, ils conservèrent le plus grand ordre, et furent fidèles au serment qu'ils avoient fait devant leur église, en prenant les armes, de ne commettre ni pillage ni désordre quelconque. Un des chefs de ce rassemblement, Mathias d'Usabel, du village de Begogna, en sommant les députés de remettre le trésor, dit qu'il avoit six mille hommes sous ses ordres, et qu'il se nommoit Bonaparte; mais comme il n'a pas tenu ce que sembloit lui promettre le nom qu'il adoptoit, il a été condamné à l'exil, pour la vie, aux Philippines. Il paroît que les révoltés se seroient portés même à des extrémités violentes, qu'ils auroient attenté à la vie de quelques hommes en place, si l'amiral Manzaredo et l'ex-ministre Urquijo n'avoient employé leur influence à calmer les mutins, trompés par les conjurés de Bilbao, qui, n'ayant pas le courage de se mettre en avant, se servoient de ces hommes foibles afin de les sacrifier seuls, si la chance leur étoit contraire, et de profiter de leurs succès, s'ils en avoient eu.

La cour fut instruite du soulèvement par les membres de l'assemblée générale, qui non-seulement désapprouvèrent leurs compatriotes, mais sollicitèrent des forces pour les réduire. On envoya cinq mille hommes : les rebelles mirent bas les armes, et les coupables furent saisis ; mais, au lieu de sévir avec rigueur, loin d'agir en souverain irrité, le roi châtia en père, et ne vit que des enfans égarés dans des sujets révoltés. Aucun d'eux n'a été puni de mort.

Paisibles habitans de Bilbao, vous étiez donc fatigués du bonheur dont vous jouissiez ? Votre tranquillité vous étoit donc à charge ?... Je vous ai vus dans les temps de votre prospérité et de votre félicité ; vous couliez des jours heureux : indépendans sous l'égide d'un roi qui pour vous n'étoit qu'un protecteur, vous vous gouverniez par vos lois, et ne vous rappeliez qu'il y avoit un souverain en Espagne que, lorsqu'à son avénement au trône de ses pères, il juroit, comme l'avoient fait ses aïeux, de conserver vos priviléges et vos droits....

Que ces temps sont changés ! Au bruit cadencé des rames, qui remontoient jusqu'aux portes de vos maisons les bâtimens chargés des marchandises étrangères qui abondoient dans votre port libre, a succédé le roulement des tambours. Le ramage des oiseaux qui formoient un concert délicieux dans les feuillages des arbres de l'arenal, sous lesquels, bravant l'ardeur du soleil, vous calculiez les progrès de votre commerce toujours croissant, vous combiniez les intérêts de votre république, a fait place au cliquetis des armes, au bruit des bataillons qu'on exerce aux évolutions militaires. On rencontre des sentinelles à chaque coin des rues, qui sont obstruées par le mouvement d'une garnison nombreuse. Et quelle est la cause de ce changement? Votre cupide égoïsme qui vous a égarés. A qui pouvez-vous imputer cet échange de situation si opposée? A vous seuls. L'exemple est donc peu pour les hommes! Vous avez cependant des relations journalières avec un peuple qui vous est limitrophe, et qui s'étoit laissé entrainer dans tous les excès de fureur et de cruauté pour acquérir ce qui ne pouvoit être qu'une chimère pour lui, et qui étoit pour vous une réalité, la liberté. Vous la possédiez cette liberté dans toute l'étendue de son acception : que vouliez-vous donc de plus? Aviez-vous la prétention de conquérir l'Espagne, de la soumettre à vos lois? Cette prétention, toute ridicule qu'elle pût être, eût seule pallié votre révolte aux yeux de l'homme qui ne calcule que les résultats. Pouviez-vous vous cacher à vous-mêmes que les provinces du royaume dont vous faites partie, envioient vos priviléges; que vous aviez dans vos compatriotes des ennemis dont la haine étoit alimentée par cette fierté ridicule qui, dans vos traits, dénotoit l'indépendance? Vous avez maintenant l'attitude de la soumission; vous partagez le sort des souverains aveuglés sur leurs propres intérêts. Comme eux, vous n'avez pas eu une conduite loyale et franche; comme eux, l'intrigue et la séduction vous ont entraînés: vous êtes soumis comme eux, et comme eux, personne ne vous plaint. Vous n'avez pas même cette approbation sourde et tacite qui seroit pour vous un adoucissement dans les malheurs que vous avez attirés sur vous; et, loin de vous plaindre, bénissez encore la main qui vous châtie : reconnoissez un père dont la tendresse surpasse le ressentiment. Si vous aviez été sous un gouvernement moins paternel, quel eût été le résultat de votre rebellion ? 1°. On auroit mis à mort les chefs des coupables. 2°. On auroit saisi avec empressement cette occasion pour motiver la destruction totale de vos privilèges (*fueros*), et vous assimiler au reste de l'Espagne. 3°. Vous auriez vu s'établir des douanes dans vos ports, des droits d'entrée aux portes de votre capitale : on vous auroit assujétis aux droits de timbre, aux impositions, aux levées régulières de troupes (*quintos*), et à l'établissement des milices. 4°. Bilbao seroit devenu le centre d'une capitainerie générale : on l'auroit entouré de fortifications ; et le charmant coteau de Peru-Arienzaco, au lieu de vous présenter ses flancs délicieusement cultivés et ombragés, eût été couronné d'une citadelle qui eût assuré à jamais votre soumission passive, et fait connoître à vos descendans l'époque de la perte de leur liberté, dont votre mémoire eût été entachée.

Telles eussent été en masse les fruits de votre mutinerie. Voyons maintenant quelle a été la conduite du gouvernement à votre égard. Il a envoyé des troupes : elles ont rempli votre capitale et vos villages révoltés seulement; mais la plus rigoureuse discipline a été maintenue parmi elles, et vous ne citeriez pas un exemple de pillage, ni même de vexations, soit dans le désarmement qui a eu lieu, soit dans la conduite journalière. Pour séparer les coupables des innocens, et ne pas envelopper ces derniers dans les punitions méritées par les turbulens, le roi a envoyé un juge (*juez mayor*), pour faire des enquêtes. Six mois ont été employés à constater les délits; les coupables seuls ont été arrêtés; on a fait leur procès. Dans une pareille circonstance, les juges n'ont vu que des révoltés : ils ont porté la peine de mort contre les moteurs en chef; ceux en sous-ordre ont été condamnés aux galères. Le roi, au contraire, n'a vu que des sujets égarés; et, ne consultant que son cœur, il a commué la peine capitale en un exil aux Philippines. Des amendes (*multas*) ont été imposées sur les particuliers dont les propos ou autres faits avoient fomenté la rebellion. L'amiral Manzaredo, l'ex-ministre Urquijo, arrêtés d'abord comme soupçonnés, ont été mis en liberté dès qu'il a été prouvé qu'ils n'étoient pas coupables. On a établi, il est vrai, dans votre capitale un commandant militaire, qui l'est aussi pour le civil. Il vous est défendu de vous assembler, et de rien délibérer sans sa présence ou celle d'une personne nommée par lui : on vous assimile, en cela, à la province de Guipuscoa. Vous aurez désormais une garnison dans votre ville; mais vos priviléges (*fueros*) vous sont conservés, car vous vous gouvernerez par vous-mêmes, et suivant vos lois. On conserve la franchise de votre port; on ne lève point d'impositions arbitraires sur vous; on n'établit pas dans votre province le régime des levées (*quintos*). Vous êtes punis, mais vous n'êtes pas détruits; et vous le méritiez.

Si le gouvernement, ainsi que vous le prétendez, eût voulu détruire le commerce de votre ville, il auroit donné des franchises au port de Porto-Galette, et l'eût déclaré abilitado, c'est-à-dire pouvant commercer directement avec les Amériques; il auroit porté à Olaviaga le port qu'il forme dans le district d'Abando; et la plaine qui est derrière ce village d'Olaviaga eût présenté de grands avantages pour la formation d'une ville qui eût attiré toute la prospérité dont jouit votre capitale.

Reconnoissez donc, habitans de Bilbao, que le port de la Paix n'est que le prolongement du vôtre, et qu'en l'étendant jusqu'au point où arrivent les navires, ce qui vous facilitera le moyen d'embarquer à sec des marchandises qui s'avarient dans le transport de vos magasins aux navires qui ne peuvent arriver qu'à une grande distance de votre ville, le gouvernement est entré autant dans vos intérêts particuliers, que dans ceux des Biscayens en général. Par une activité et un dévouement sans bornes, faites donc oublier un moment d'erreur, dont le souvenir est déjà loin, sans doute, du cœur de votre souverain.

Le roi vous a enlevé le titre de noble et fidelle ville de Bilbao (*noble y leal villa de Bilbao*), titre dont vous vous enorgueillissiez avec raison, et qui attestoit la confiance qu'avoient en vous les monarques de l'Espagne. Vous vous plaignez de cette punition : mais la fidélité, ne l'avez vous pas perdue par votre révolte ? Et il en est de cette vertu comme de l'honneur :

« L'honneur est comme une île escarpée et sans bords;
» On n'y peut plus rentrer dès qu'on en est dehors. »

La noblesse ! cette prérogative n'est-elle pas chez vous une chimère, enfant de l'amour propre? Comme républicains, vous êtes tous égaux; mais cette égalité est celle des grandeurs. Ne devriez-vous pas considérer que dans un pays où, depuis le serviteur jusqu'à l'homme puissant par sa fortune, toutes les classes de citoyens sont composées de nobles, la noblesse cesse d'être une distinction?

Le commerce de la Biscaye est très-étendu: les laines, le fer, et la contrebande, en sont les branches les plus considérables. On estime que chaque année il s'exporte, par le seul port de Bilbao, 18,000 sacs ou corps de laines. Le sac pèse 200 liv.; chaque sac est estimé à 3,800 réaux (950 liv.); ce qui porte à 16,290,000 liv. tournois ce seul article d'exportation. Les Anglais extraient la majeure partie de ces laines. Les Hollandais, Suédois, Danois, Hambourgeois, et les Américains, font le surplus du commerce de cette place. Ils y apportent des flanelles, des toiles, des articles de quincaillerie, des morues de Terre-Neuve, et de la baleine. On calcule qu'année commune il entre à Bilbao 160,000 quintaux de morue, et 6,000 barriques de baleine.

La contrebande l'emportoit naguère sur ces deux principales branches du commerce de cette ville. La franchise dont jouit son port facilitoit l'introduction des articles des manufactures étrangères, dont l'usage est prohibé dans l'intérieur de l'Espagne. Ces objets s'expédioient ensuite avec une telle sécurité, qu'on en assuroit les envois : aussi les commerçans de Bilbao s'élèvent-ils contre les mesures efficaces que le gouvernement a prises pour prévenir cet abus si nuisible aux progrès de l'industrie nationale.

Il me semble qu'on pouvoit établir des douanes dans les ports de la Biscaye, sans que les habitans pussent se plaindre qu'on portât atteinte à leurs priviléges. S'ils eussent réclamé la justice de droit envers eux, et l'eussent appuyée sur l'inviolabilité de leurs priviléges, le gouvernement eût aussi été en droit de réclamer leur loyauté, et ne devoit pas supporter qu'à l'abri de leurs prérogatives ils devinssent les intermédiaires et les agens secrets des peuples intéressés à l'amoindrissement du commerce intérieur d'une nation rivale. Par ce seul fait, le pacte de fédération étoit rompu, et le souverain dégagé de son serment sur cet article : il lui étoit libre alors de prendre telle mesure qui lui convenoit pour le bien de ses sujets et la prospérité de ses Etats.

Par Bilbao s'exportent les piastres qui vont

dans le Nord ; par Saint-Sébastien, celles qui vont en France par la partie ouest de l'Espagne. On porte à 60,000 piastres par an le numéraire qui sort par ces deux villes : dans l'une et dans l'autre, on cite plusieurs négocians qui doivent une fortune considérable à cette branche de commerce si illicite.

La matricule de Bilbao porte à cent quatre-vingt-quatre le nombre des personnes qui font le commerce de cette place, dans laquelle, ou dans ses environs, on trouve des établissemens qui entretiennent une grande activité. Tels sont trois corderies : une pour le compte du roi, dans le bourg appelé *Zorroza*, jurisdiction du port de la Paix ; et les deux autres pour le compte de particuliers : l'une d'elles située dans la même jurisdiction ; l'autre sur la promenade de Bilbao, appelée Campo-Volantin.

Onze tanneries : quatre dans la jurisdiction de Begogna, trois dans celle d'Arrigorriaga, une dans celle d'Asna, une dans celle d'Erandio, une à Deusto, et la onzième au port de la Paix.

Deux fenderies pour couper le fer, à Baracaldo et à Zalla. On y coupe vingt mille quintaux chaque année.

Une fabrique d'ancres dans la jurisdiction de Begogna.

Douze martinets où on prépare le fer pour les clous : deux à Durango, deux à Arrigorriaga, un à Begogna, un à Echevarri, un au port de la Paix ; et les cinq autres sont dans l'intérieur de la province.

Cinq martinets pour battre le cuivre, à Balmasada.

Une fabrique de planches de cuivre pour le doublage des vaisseaux, à Balmasada.

Cent vingt-une forges, dans lesquelles on travaille, année commune, cent quarante-deux mille quintaux de fer, du poids de cent cinquante-cinq livres, de seize onces chacune, et qu'on appelle *quintal macho*. Ces forges sont divisées dans toute la province : quatre à Busturia, une à Arricta, une à Mendaca, quatre à Arrazua, trois à Murelaga, quatre à Guizaburuaga, cinq à Berreatua, une à Cenarruza, deux à Bolibar, deux à Arbozagui, six à Xemein, cinq à Amorobieta, trois à Ibarrury, trois à Baracaldo, deux à Begogna, deux à Echevarry, quatre à Galdacano, deux à Arrancudiaga, une à Lezama, deux à Zamudio, une à Sondica, deux à Gatica, une à Maury-de-Satabe, une à Basquio, une à Morga, une à Frunis, une à Megnaca, deux à Lemona, trois à Zurre, trois à Elexavaitia, cinq à Cennury, quatre à Dima, cinq à Olavarricta, une à Elorrio, une à Derio, cinq à Abadiano, quatre à Berriz, une à Magnaria, cinq à Zurreta, une à Saray, quatre à Jzursa, une à San-Juan de la Pegna, deux à Hea, deux à Bedia, une à Bazauri, une à Alonzo-Tegui, une à Larruari, une à Spina, une à Marzana, deux à Muxica de Olarte, trois à Tavira, deux à Balmaseda, trois à Ochandiano, deux à Leqneitio, deux à Villaro, une à Miravalles, deux à Munguia, trois à Larrabezna, une à Erregoitia, une à Ermua, deux à Aramaiona.

On trouve, en outre, à Arrigorriaga, une fabrique d'acier, qui peut être comparée à celle de Milan.

Le fer que l'on emploie dans ces forges, est tiré des mines de Somorostro, qui sont à trois lieues de Bilbao. Le mineret que l'on emploie dans les forges de Saint-Ander, provient des mêmes mines.

On croit généralement que l'agriculture est, en Espagne, encore bien éloignée du point de perfection qu'elle a acquis dans d'autres parties de l'Europe. On reviendra aisément de cette opinion en parcourant les vallées de la Biscaye, brillantes par leur culture, et entourées de coteaux et de montagnes autrefois incultes ou couvertes de forêts impénétrables, maintenant défrichées jusqu'à leur sommité, et présentant partout le fruit d'une industrieuse activité. Le maïs est la principale culture de la Biscaye. La population de cette province est d'environ cent vingt mille ames.

Le caractère des peuples est déterminé par la nature des pays qu'ils habitent. Les habitans des plaines sont généralement sans énergie, et peu susceptibles de grandes passions. Dans les plaines riches en culture, les peuples sont gais : ils sont taciturnes dans les landes ou plaines arides. Dans les montagnes, la force de caractère, l'énergie, peuvent être calculées d'après la hauteur du pays et la nature du sol. Dans les montagnes élevées et peu cultivées, on trouve des hommes durs, mais francs et loyaux : ce caractère est mitigé par une nature riante dans les montagnes d'une médiocre élévation et d'une culture soignée. Aussi trouve-t-on dans le caractère du Biscayen un

amalgame

amalgame d'âpreté et de douceur, de franchise et de réticence, sur-tout en matière d'intérêt; le tout prédominé par une dignité qu'on pourroit prendre pour de la morgue, mais qui tient autant à leur indépendance républicaine qu'à leur système nobiliaire. La dissolution des mœurs, cette dépravation sans bornes qui afflige particulièrement les grandes villes de tout pays, et à laquelle n'ont pas échappé celles du midi et du centre de l'Espagne, n'a pas encore pénétré parmi les paisibles habitans des montagnes de la côte de Cantabre; ils jouissent de toute la félicité, de tout le bonheur que procurent des principes basés sur une vertu solide. Femmes bonnes et fidèles, enfans soumis et respectueux; voilà la jouissance intérieure des Biscayens et des Asturiens.

Quelques Espagnols sévères m'ont accusé d'avoir décrit d'une manière un peu légère les habitudes licencieuses de quelques femmes de leur pays. Je me plais à convenir que, dans les provinces de l'Espagne, les bons ménages sont très-communs, et qu'ils y ont une majorité non équivoque; que, dans les grandes villes même, on trouve aussi beaucoup de femmes dont la conduite ne peut être entachée du moindre soupçon. Je leur ferai remarquer, de plus, que je me suis expliqué à ce sujet d'une manière positive, en disant : « Il ne » faut pas croire que les femmes espagnoles » s'abandonnent à une licence de mœurs au» torisée, pour ainsi dire, par le climat. J'en » ai rencontré dans la bonne compagnie, et » beaucoup plus qu'on pourroit le penser, qui » eussent servi de modèle de conduite. » En rendant ainsi justice à la vertu de ce grand nombre, j'ai donné des détails sur la conduite de celles, en petit nombre sans doute, qui se laissent entraîner par des égaremens qui ont leur source dans la violence des passions; et le lecteur espagnol qui est jeune encore, celui qui se rappellera sa jeunesse, jugeront que je ne dois rien enlever du tableau que j'ai tracé.

Le Biscayen est très-religieux. La philosophie des Voltaire, d'Alembert, Rousseau, le philosophisme du 18e siècle n'ayant pu franchir les Pyrénées, les erreurs n'ont pas germé dans le cœur des peuples qui habitent les frontières du berceau des faux principes, ce germe destructeur de tout ordre social, et de tout bonheur moral. Le respect pour la religion s'est conservé dans les trois provinces, sans éprouver d'altération, malgré le séjour des armées désorganisatrices, qui professoient l'athéisme. En Biscaye, comme dans le reste de l'Espagne, lorsque le viatique passe, toutes les personnes qui se trouvent sur son passage s'agenouillent : on sort des cafés ; dans les maisons on cesse tout ouvrage, et on prie. Lorsque la cloche annonce l'*Angelus* du soir, on s'arrête, on se découvre, et on unit ses prières à celles des religieux. A Saint-Sébastien, en entrant par la porte de France, sous la voûte d'un bastion, est un Christ orné par l'hommage des fidèles, et devant lequel brûle continuellement une lampe : au retour de la promenade, en rentrant dans la ville, chacun se retourne devant cette image de Notre-Seigneur, et l'invoque.

Etant dans cette ville, je montai au château, un jour d'un coup de vent. La mer étoit hideuse : les flots, s'élevant à une hauteur prodigieuse, puis se creusant jusqu'aux abymes, sembloient se jouer d'un frêle bâtiment cabotier espagnol, qui cherchoit à gagner le port. Il étoit au moment d'y entrer, lorsqu'une raffale le jeta sur les rochers qui bordent la montagne sur laquelle je me trouvois avec beaucoup d'autres spectateurs de cet effrayant spectacle. Le bâtiment est aussitôt entr'ouvert ; et nous voyons les gens formant l'équipage, s'efforcer de gagner à la nage les rochers qui étoient près d'eux. Ils y parvinrent tous, et arrivèrent jusqu'à nous. On entoura aussitôt le capitaine, et on cherchoit à le consoler de la perte de toute sa fortune, qui consistoit en son navire et son chargement. Chaque coup de lame enlevoit des bordages de son bâtiment ; les flots emmenoient sa cargaison, et avec elle ses espérances, son existence, et celle de sa famille. Lui seul, tranquille, impassible, contemploit froidement son désastre. « Dieu le veut (*Dios lo quere*) » prononcé avec résignation, fut toute sa plainte et toute sa consolation : pas une larme, pas une marque de désespoir n'altéra ses traits. Il resta là jusqu'à ce que son navire fût entièrement dépecé : il fut ensuite à l'église offrir à Dieu ses tribulations et ses actions de graces d'avoir sauvé ses jours. Un philosophe eût-il dit : ainsi le veut le Destin ? Un philantrope eût-il prononcé avec ferveur et résignation : La Révellière-Lépaux le veut ainsi ?

A Bilbao, sur une des hauteurs qui domine la ville, est une église dédiée à la Vierge de

Begogna, ainsi nommée à cause du village qui porte ce nom. Avant de se confier à l'élément perfide, le marin se tourne du côté de cette Vierge, patrone des matelots; et, par une prière courte, mais sincère, il invoque la mère de Jésus-Christ, afin qu'elle le préserve de tout malheur pendant son voyage. Il met sa femme, ses chers enfans, sous sa protection immédiate : un signe de croix termine la prière de ce fidèle croyant; et déja il ressent un effet tout divin de la protection de la Vierge. Les dangers ont disparu à ses yeux; et à peine hors du port, il éprouve les consolations, la joie du retour. Dans le même moment, un navire tout délabré par les événemens d'une navigation longue et pénible, vient de surmonter le danger qui, pour être le dernier, n'est pas le moins à redouter; il a dépassé la barre de Porto-Galette, dont la passe est changeante, et sur laquelle la mer, presque toujours orageuse, se brise avec fureur sur un banc de sable et sur des rocs. Le navire est en rivière; et le matelot, encore ému du péril qu'il vient de surmonter, aperçoit le clocher de l'église de la Vierge de Begogna, qui pointe au-dessus des arbres qui lui cachent Bilbao. Plein de respect et de reconnoissance pour cette patrone qu'il a si souvent invoquée dans le cours de sa navigation, et à laquelle il attribue son salut et le bonheur dont il va jouir au sein de sa famille, il se prosterne; et ses actions de grace sont ferventes. Mais quelle est donc cette Vierge de Begogna que le matelot biscayen invoque à des milliers de lieues comme aux pieds de ses autels? Est-ce une masse d'or couverte de diamans, ornée de rubis, d'émeraudes, des pierres les plus précieuses, captivant, par l'éclat des richesses dont on la décore, l'imagination et la crédulité de l'homme simple, de l'homme de la nature, porté à vénérer tout ce qui charme sa vue, tout ce qui entraîne et captive son admiration et ses sens?.... Non!.... c'est une statue petite, et d'un bois commun, vermoulu par le temps, et recouverte d'un scapulaire noir. Mais c'est dans le cœur, c'est dans la croyance de ces fidèles qu'est la puissance de la Vierge. L'église qui lui est dédiée est ornée d'*ex-voto*, qui désignent qu'elle protège plus particulièrement les gens de mer.

Les personnes qui vont se promener le long de la rivière, sur le chemin qui conduit à Olaviaga, ne manquent pas, hommes comme femmes, de se retourner à l'endroit d'où l'on aperçoit *nuestra segnora de Begogna.* Elles font un signe de croix, et continuent leur promenade.

Mais pendant que je parle de la Vierge de Begogna, quelle est cette hilarité publique, cette musique militaire qui me fait quitter la plume ? La gaieté des airs me porte à croire que c'est le bonheur de deux nouveaux époux qu'on célèbre. Le concours de peuple qui précède les musiciens, décèle la joie : on diroit que chacun ressent, l'un par le souvenir, l'autre par l'espérance, la félicité qui attend ces deux amans aux pieds des autels, où ils vont se jurer mutuellement de s'aimer toute la vie. Une douce émotion s'empare de mes sens : de tristes souvenirs vont au fond de mon ame chercher la larme de douleurs; je veux au moins voir les traits du bonheur : je me précipite à ma fenêtre pour contempler deux êtres fortunés. La foule augmente, se presse; le son approche; enfin je découvre les musiciens. Leur démarche vive dénote aussi l'alégresse : mais quel est mon étonnement !.... une croix se présente à ma vue : elle est dans les mains d'un enfant de chœur, et précède quatre hommes portant un enfant mort de la veille. Il est revêtu de blanc, couleur de l'innocence : une couronne de roses blanches est sur sa tête ; un rayon divin a déjà lui sur sa figure, dont les traits attestent la sérénité du bonheur. C'est effectivement sa félicité ; mais c'est sa félicité éternelle qu'on célèbre ici-bas, tandis qu'un concert céleste l'attend en réjouissance de la venue du nouvel ange. — C'est ainsi qu'en Espagne, on enterre les enfans qui n'ont pas atteint l'âge de raison : c'est par les consolations de la religion qu'on atténue les douleurs d'une mère éplorée, qui fait le sacrifice de ce qu'elle a de plus cher au monde pour acquérir un protecteur dans le ciel.

Non loin de Bilbao, on remarque un de ces phénomènes de la nature qui confirment le principe des communications intérieures de la terre, lesquelles prouvent ce qu'avance Bernardin de Saint-Pierre sur la possibilité de ressentir, à de grandes distances, les convulsions du globe.

Entre Orduna et Bilbao, et à un quart de lieue du village de Llodio, jurisdiction de Areta, on trouve des maisons éparses à la droite et à la gauche du grand chemin. Près d'une de ces maisons, et sur la gauche de la route qui va à Bilbao, est un puits naturel de douze pieds de long sur quatre et demi de large. Un des côtés de ce puits est de roc vif, les trois autres sont d'une glaise mêlée de pierres. On n'a pu encore en estimer la profondeur. Aux heures du flux de la mer, qui est éloignée de sept lieues, l'eau de ce puits s'élève progressivement jusqu'à la hauteur d'un pied et demi au-dessus de son niveau ordinaire, et décroît progressivement aussi au reflux. Il est à présumer que cette crue seroit plus considérable, si on n'avoit pas détruit le niveau du terrain pour la régularité du grand chemin; car dans les grandes marées sur-tout, l'eau de ce puits déborde, et, s'écoulant par-dessus la route, va former un petit ruisseau qui se jette dans la rivière qui coule au bas du coteau qui est sur la droite du grand chemin. Ce puits, qui désigne aux habitans du village l'heure des marées, leur pronostique aussi les tempêtes par une crue subite, sans pour cela manquer à la crue périodique; mais, dans ces cas, le ruisseau formé par l'eau qui déborde est beaucoup plus fort. Dans les temps de crue, cette eau est bourbeuse, salée, et saumâtre seulement dans son état ordinaire. Une des particularités les plus remarquables de ce puits est que l'eau d'une grande fraicheur lorsqu'elle est basse, acquière une chaleur de 26° dans sa crue : les femmes du village vont alors laver dans le ruisseau, dont elles trouvent l'eau savonneuse et encore chaude, quoiqu'ayant traversé le chemin.

SAINT-ANDER.

ENTRE la Biscaye et les Asturies est une petite province qu'on appelle indifféremment *las Montagnas de St.-Ander; las Montagnas de Burgos*, ou simplement *las Montagnas*: « Les Montagnes de Saint-Ander, de Burgos, » ou seulement les Montagnes. » La ville de Saint-Ander en est la capitale. Cette province faisoit partie du pays que les Romains eurent tant de peine à soumettre, et qui se soutint contre les efforts des Maures. Elle jouissoit autrefois des priviléges, exemptions et franchises dont la Biscaye a conservé encore une partie : ils furent annullés; et de cette époque date la jalousie que les habitans de cette province portent à leurs voisins de la Biscaye, qu'ils desirent voir espagnolisés, c'est-à-dire, soumis aux mêmes lois qui régissent le reste du royaume.

Pour se rendre de Bilbao à Saint-Ander par le chemin le plus direct, il faut, pendant quinze mortelles lieues, risquer de se briser les membres dans des chemins qu'on pourroit nommer impraticables, et qu'on ne peut suivre qu'à cheval.

Les côtes de cette province font partie de ce qu'on appelle la côte de Cantabre, qui s'étend depuis le cap Ortégal, situé à la pointe nord-nord-ouest de la Galice, jusqu'au fond du golfe de Biscaye. Elle offre plusieurs ports importans pour les débouchés du commerce, parmi lesquels on remarque Saint-Vincent de la Barquera, Saint-Martin de la Arena, au nord-ouest, et Castro-Urdiales, à l'est de Saint-Ander, qui peuvent recevoir les bâtimens de commerce de deux cents tonneaux.

Le port de Santogna, à l'est de Saint-Ander, est celui que j'ai désigné comme préférable au port du Passage, pour la formation d'un établissement pour la marine royale. C'est, sans contredit, le meilleur port de la côte de Cantabre. Assez profond pour recevoir les vaisseaux de ligne de toute grandeur, il a le grand avantage qu'à son entrée, les vaisseaux, en jetant l'ancre au mouillage nommé *del Frayle*, peuvent s'abriter des bourrasques du nord-ouest, si fréquentes et si dangereuses dans ces parages, pendant l'hiver. L'entrée du port de Santogna est facile, et assez large pour y louvoyer : ce qui assure aux vaisseaux battus par la tempête la certitude de s'abriter sans crainte d'être affalés à la côte. Le gouvernement espagnol, mal informé sans doute sur la position de Santogna, ou par des considérations peut-être qu'un particulier ne doit pas chercher à pénétrer, semble donner la préférence au port du Passage, et abandonne totalement celui de Santogna, dont les avantages comparatifs sont : 1° son gisement plus élevé à l'ouest ; 2° la profondeur de ses mouillages ; 3° la facilité de l'entrée ; 4° l'éloignement des frontières, et les pays difficultueux qu'il faut traverser pour y arriver : ce qui assureroit les établissemens qu'on pourroit y former pour le service de la marine royale.

Ce port est cependant inconnu du commerce, et Santogna n'est qu'un village auquel n'aboutit et que ne traverse aucun grand chemin. Destinée, par sa localité, à être un centre de richesses, cette population est condamnée, par l'abandon du gouvernement, à l'état de misère le plus affreux. En parcourant ce bassin, qui semble creusé pour recevoir les trésors des Amériques, et pour être le dépôt de la puissance maritime d'un grand royaume, on gémit de n'apercevoir que des barques de pêcheurs misérables, et on se demande pourquoi ces rochers qui entourent ce bassin, ne sont pas transformés en quais, qui communiqueroient à des magasins et autres bâtimens utiles qui s'éleveroient à la voix d'un souverain instruit sur les moyens de fomenter la prospérité de ses peuples.

Saint-Ander profite de l'abandon de Santogna, et attire à lui toutes les richesses que ce port devroit accaparer. Le port en est bon, vaste, abrité : l'entrée en est facile, même dans les gros temps; et les navires marchands, de toute grandeur, peuvent y mouiller, même à marée basse; mais les frégates de quarante canons doivent attendre la haute mer pour passer la barre. Le mouillage est près de la ville; et les bâtimens qui veulent pénétrer dans la darse intérieure, s'amarent à un quai d'une grande beauté, de trente pieds de large, qui les sépare des magasins. Cette facilité est précieuse, en raison de la promptitude des chargemens et des déchargemens, et sur-tout à cause de l'économie sur le transport des balots, de la facile surveillance sur les employés, et de l'avantage incalculable d'embarquer à sec les marchandises qui peuvent souffrir de l'humidité.

Saint-Ander est un des ports autorisés à faire le commerce des Amériques (*abilitado*).

Cette faveur lui donne un avantage réel et considérable sur les ports de Bilbao et de Saint-Sébastien, qui, n'étant point *abilitados*, sont obligés, ainsi que je l'ai déjà dit, de faire relâcher à Saint-Ander les navires qu'ils expédient dans les Amériques espagnoles, afin d'y faire enregistrer leurs chargemens, soit en partant, soit au retour, sous le nom et la consignation d'un des quarante-deux négocians inscrits sur la matricule de commerce de cette place. Les habitans, indolens, peu ambitieux, laissent aux étrangers la jouissance des avantages de leur situation, et de l'autorisation du commerce des Amériques : ils se contentent d'un intérêt médiocre, qu'ils reçoivent en échange du prête-nom dont ils couvrent les spéculations que font, par ce moyen, les négocians de la Biscaye et du Guipuscoa, et les Anglais, et les Français, établis dans cette ville, au nombre de dix-huit maisons non matriculées.

Il seroit du plus grand intérêt du Gouvernement de jeter les yeux sur le tort énorme qu'entraînent de pareils abus. Il seroit facile de les prévenir en prenant des mesures sages à cet effet, en éclairant ces individus prête-nom, et en leur prouvant que l'intérêt personnel s'allie en cette circonstance comme en beaucoup d'autres, avec l'amour de son pays ; ce qui doit porter l'homme vraiment patriote à concourir aux vues du bien général, que le souverain doit seulement envisager.

De grands chemins avec l'intérieur facilitent l'approvisionnement des grains, des vins et huiles dont cette province manque, et qui lui sont fournis par la vieille Castille. La communication avec les provinces de la Rioja, d'Arragon et de Navarre, est nouvellement établie : mais il manque encore deux chemins intéressans pour le complément de la prospérité de Saint-Ander. L'un, en suivant la côte de l'est, devroit aboutir à Bilbao ; l'autre, en longeant la côte de l'ouest, faciliteroit les transports des marchandises qui viennent des Asturies et de la Galice : transports qui sont longs, pénibles et dangereux pour les denrées, qui s'avarient facilement dans un pays où les pluies sont presque continuelles.

Le commerce de Saint-Ander est aussi considérable avec les colonies espagnoles qu'avec le nord de l'Europe. L'avantage de cette place vient principalement de sa position, qui l'a fait profiter de la franchise du port de Bilbao, et de sa proximité du port de Bayonne; qui lui facilite l'écoulement des denrées coloniales, au moyen du cabotage, qui est très-actif avec cette place.

La place de Saint-Ander étant une des premières du commerce d'Espagne, je vais entrer dans quelques détails qui paroîtront minutieux au lecteur qui, lisant un Voyage, ne cherche qu'à se distraire; mais ces détails pourront intéresser le lecteur curieux qui cherche à connoître à fond le pays qu'on lui décrit, et à en calculer les ressources.

Moins que dans les autres places de la péninsule, les négocians de celle dont nous parlons puisent les objets d'exportation dans les manufactures étrangères; aussi leurs spéculations sont-elles plus lucratives : cependant, comme les fabriques espagnoles ne suffisent pas à la consommation des Amériques, les spéculateurs de Saint-Ander sont aussi obligés de recourir à l'industrie étrangère, mais avec cette différence que ce n'est que pour compléter le chargement des navires qu'ils expédient. Le commerce gagneroit beaucoup, et le gouvernement ne porteroit aucune atteinte aux progrès de l'industrie nationale, s'il permettoit dans cette ville l'établissement de maisons étrangères, dont les magasins seroient remplis seulement des objets nécessaires à ce complément des denrées pour les colonies. Les négocians nationaux auroient la facilité du choix, et gagneroient un avantage par la promptitude des expéditions; car étant obligés de tirer directement des fabriques étrangères, ils éprouvent un retard aussi nuisible à leur intérêt, qu'à celui des colons. Ceux-ci ne pouvant attendre les envois de la métropole, sont réduits à profiter de la contrebande, et même à la faciliter. Ce moyen, qui leur devient utile, est préjudiciable à la prospérité du commerce, et par conséquent à celle de l'Etat. Les colons spéculateurs envoient par avance leurs denrées; et pendant qu'elles s'écoulent dans les Castilles et dans l'étranger, leurs correspondans de Saint-Ander commandent et font arriver les chargemens en retour. Qu'on calcule les torts que cette lenteur porte au commerce, dont le profit est le résultat de l'activité, de la combinaison, et d'une étude dont les premiers principes sont encore inconnus des négocians de Saint-Ander!

Les laines dites Leonesas et Sarianas, sont

embarquées au port de Saint-Ander. Les négocians de cette place s'empareroient exclusivement de cette branche d'exportation, de cette source de richesse, s'ils savoient profiter des avantages de localité qu'ils ont sur Bilbao. Se trouvant à égale distance de Burgos, ville où est établi le bureau des douanes pour les laines qui, de l'intérieur, vont aux côtes de Cantabre; ayant un grand chemin de communication aussi beau que celui qui aboutit à la capitale de la Biscaye, Saint-Ander devroit avoir la préférence. Cette préférence devroit être acquise en raison du peu de frais qu'occasionnent les chargemens, puisque les navires sont amarrés aux quais qui communiquent aux magasins; et à cause de l'avantage de mettre les laines à bord sans craindre qu'elles éprouvent les avaries d'humidité auxquelles elles sont exposées dans la traversée d'une lieue qu'elles doivent faire sur le Narbion, pour gagner les navires, qui ne peuvent mouiller qu'à Olaviaga, ainsi que je l'ai déjà dit au chapitre sur Bilbao. Cette humidité est presqu'impossible à éviter, les chargemens de laines se faisant dans les mois de novembre et décembre, et dans un pays où les pluies sont continuelles. Un autre avantage non moins majeur dont jouit Saint-Ander, est le rabais d'un quart pour 100 que l'on fait aux douanes de Burgos, sur les laines qui sont dirigées sur ce port. On conçoit que, sur des spéculations considérables, cette diminution est d'une grande importance; et elle prouve que le gouvernement a voulu encourager les exportations par Saint-Ander, qui jouit du privilége d'une remise de 2 et demi pour 100 sur l'argent monnoyé ou en barre qui y arrive des Amériques, et qui paie 5 pour 100 de droits dans les autres ports du royaume.

En sus du débouché des laines, il se fait, par Saint-Ander, des envois de farine fine et de seconde mouture. On estime à quarante-deux mille barils ce qui en sort, soit pour l'Europe, soit pour les Amériques. Cette ville possède plusieurs fabriques qui concourent à la prospérité de ses habitans. On y trouve trois brasseries : une d'elles fournit plus de deux cent mille bouteilles pour la consommation des colonies espagnoles, où l'on fait un grand usage de cette boisson. Plus, deux raffineries pour le sucre; une fabrique de câbles renommés par leur qualité : on en travaille de cent cinquante brasses. Plusieurs tanneries ; des fabriques de liqueurs ; une de chandelles, qui fournit jusqu'à mille quintaux par année ; vingt-cinq forges ; cinq martinets, qui travaillent annuellement vingt-six mille quintaux macho de fer ; des fonderies royales pour les ancres, canons, bombes et boulets.

A quatre lieues de cette ville, et dans la ville de Torrelavega, le duc de l'Infantado a établi une filature curieuse par les différentes machines qu'on y emploie pour carder, filer, blanchir et travailler le coton. On y fabrique des mousselines, et toute espèce de cotonnades, qui approchent déjà beaucoup de la perfection de ces produits de l'industrie anglaise. Si tous les grands d'Espagne s'occupoient ainsi d'établissemens utiles à leur pays, et y appliquoient une partie de leurs immenses revenus, on verroit bientôt ce beau royaume reprendre la consistance, et même la prépondérance commerciale à laquelle la nature l'a destiné par sa position.

La population de Saint-Ander est d'environ dix mille ames. Cette ville est la résidence des consuls étrangers auxquels doivent avoir recours les individus des diverses nations, qui sont dans les ports de Biscaye, car un des priviléges de cette province est de n'admettre aucun agent politique ni commercial dans ses ports. Les habitans de la province de Cantabre sont généralement doux, serviables, d'une soumission aveugle. Comme les Biscayens, ils ont tous les prérogatives de la noblesse.

Comme dans toutes les villes de commerce, il y a à Saint-Ander un consulat pour les affaires qui ont trait au négoce. Il est composé d'un président, de deux consuls et de douze individus, qui jugent suivant les lois en usage à Bilbao.

L'agriculture n'offre pas de grandes ressources aux habitans de cette province; on y cultive le maïs et on engraisse une assez grande quantité de bestiaux dans les excellens pâturages que fournissent les vallées et les montagnes. On y trouve aussi quelques mines de fer aussi bon que celui de Biscaye. Le fer qui ne se travaille pas dans le pays, est envoyé brut dans les Amériques.

Pour terminer le chapitre de Saint-Ander, je vais donner l'énumération des navires, et les détails de leurs chargemens, qui sont entrés ou sortis de ce port pendant l'année 1803.

On jugera plus facilement ainsi les rapports commerciaux de cette place.

Navires qui sont sortis pour les Amériques espagnoles.

Pour la Havane, 2 frégates et 1 brick.

Portant : 5,470 quintaux de fer.
9,800 bouteilles de bière.
3,000 volumes d'ouvrages de littérature.
547,000 livres d'acier.
3,840 bouteilles de bière, et autres articles des denrées espagnoles.

Pour Vera-Crux, 4 frégates et 14 bricks.

Portant : 28,850 quintaux de fer.
3,236 quintaux d'acier.
35,000 bouteilles de bière.
2,532 rames de papier, des huiles, eaux-de-vie, savons, cidre, drogues médicinales, canelle, quincaillerie et bijouterie.

Pour Monte-Video, 12 frégates et 5 bricks.

Portant : 8,500 quintaux de fer.
171 quintaux d'acier.
12,700 bouteilles de bière.
3,400 rames de papier.
2,000 volumes d'ouvrages littéraires.
7,092 livres de sucre raffiné, des chapeaux, soieries, etc.

Pour la Guayra, 2 frég., 4 bricks, 1 goëlette.

Portant : 1,800 quintaux de fer.
136 quintaux d'acier.
3,136 bouteilles de bière.
3 caisses de livres, des blondes, nankins, seize caisses de canelle et médicamens, des farines, des chapeaux, de la quincaillerie et bijouterie.

Navires qui sont entrés à Saint-Ander, en 1803, avec des chargemens de denrées coloniales.

De la Havane, 7 frég., 12 bricks, 1 goëlette.

Portant : 300,000 duros; en effect. (1,500,000 l.)
78,153 arobes de sucre. (L'arobe est de 25 liv.)
11,500 caisses de sucre.
1,000 arobes de cochenille.
102 arobes d'indigo.
466 quintaux de café.
340 quintaux de coton.
3,100 planches de bois de Campêche.
3,000 livres de cigares et de tabac.

De Vera-Crux, 3 frég., 1 brick, 1 goëlette.

Portant : 1,600,000 duros monn. (8,000,000 l.)
452 quintaux de bois de Campêche.
400 livres de cacao.
2,000 cuirs.
7,000 livres de poivre.

3,000 livres de salseparcille et drogues.
194,000 livres de vanille.
202 marcs d'argent en lingots.

De la Guayra, 3 bricks, 1 goëlette, 1 cachemarin.

Portant : 104,000 livres d'indigo.
2,500 livres de café.
600 quintaux de coton.
6,500 fanègues de cacao. (La fanègue pèse 90 à 95 liv., poids de marc.)
1,306 cuirs.
130 quintaux de cuivre.

De Monte-Video, 1 frégate, 2 bricks, 1 goëlette, 1 polacre.

Portant : 4,000 duros monnoyés (20,000 liv.)
1,700 quintaux de café.
3,500 cuirs.
113 quintaux de cuivre.
300 quintaux de suif.
25,000 cornes pour fabriques de peignes.
16 poids de pelleteries.

De Carthagène, 2 bricks.

Portant : 2,000 duros (10,000 liv.)
480 arobes de sucre.
2,700 quintaux de coton.
1,903 quintaux de bois de Brésil.
12 quintaux de cacao.
400 cuirs.

De Porto-Cabello, 2 bricks.

Portant : 1,200 arobes d'indigo.
160 quintaux de café.
225 sacs de coton. (Chaque sac est de 125 liv., poids de marc.)
2,860 fanègues de cacao.
640 cuirs.
130 quintaux de cuivre.

De Boston (Etats-Unis), 1 frégate.

Portant : 563 caisses de sucre.
64 quintaux de cacao.
864 quintaux de morue.

Navires européens entrés à Saint-Ander, avec des productions de leurs pays, pendant l'année 1803 :

Hollandais.	1
Prussiens	7
Français.	62
Espagnols, cabotage. . .	14
Danois	2
Anglais.	12
Suédois.	2
Hambourgeois.	6
Total. . . .	106

Plus, 10 américains, non compris la frégate venue de Boston, dont les chargemens étoient de mêmes objets que ceux apportés par ladite frégate.

Bâtimens sortis de Saint-Ander, en 1803, pour les ports d'Europe, avec les chargemens en produits du pays ou en denrées des colonies espagnoles.

PAVILLONS.		LAINES EXTRAITES PAR LESDITS NAVIRES, ET DESTINATION.	
Hollandais. . .	6	Pour Amsterdam. .	987 sacs.
Prussiens. . . .	12	Pour Bristol.	2,741
Français.	16	Pour Anvers.	746
		Pour Saint-Valery .	569
Espagnols. . . .	21	Pour le Havre. . . .	617
Anglais.	16	Pour Chester. . . .	1,997
Hambourgeois.	5	Pour Londres. . . .	900
Suédois.	1	Pour Rouen.	4,305
Lubecquois. . .	1	Pour Southampton.	309
TOTAL. . .	78	TOTAL.	12,971 sacs, qui font 35,902 quintaux.

Le surplus du chargement de ces bâtimens étoit composé d'indigo, de sucre, café, cochenille, bois de Campêche et de Brésil, cuirs et cotons.

Note de l'argent qui est entré, en l'an 1803, dans le trésor royal, provenant des droits des douanes de Saint-Ander.

(On remarquera que les denrées qui se consomment dans la province, sont sujettes à des droits moindres que ceux généralement établis dans le reste du royaume. Les objets qui sortent de la province, paient un tiers de moins que ceux qui y restent ; et l'argent pour la consolidation des billets royaux, paie un tiers de moins que celui qui interne.)

	réaux.	m.	liv.	s.
1° Droits des rentes générales.	12,120,183		3,030,060	3
2° Pour l'hypothèque des vales.	4,012,610	10	1,003,167	7
3° Pour les denrées qui passent dans l'intérieur.	239,456	17	59,864	4
4° Pour les droits sur la vente du poisson. qu'on nomme *Alcavala de Pescado*.	35,398	16	8,869	5
TOTAL.	16,407,648	19	4,101,960	19

D'après les états du consulat de Saint-Ander, il est prouvé qu'en 1803, la douane a retiré 3,000,000 de réaux (750,000 liv.) du droit d'un pour 100 sur les objets entrés ou sortis; et en ajoutant à cette somme celles provenant d'autres droits , on peut estimer que, dans le cours de ladite année, il est entré dans ce port pour plus de 30,000,000 de pesos (6,000,000 liv.), quoique les bâtimens chargés d'argent (galions), et venant de Vera-Crux, Lima, Monte-Video, eussent été détenus pendant la guerre qui finit en 1802, et envoyés à Cadix à la paix.

Les Asturies.

J'ai déjà dit qu'à l'époque du renversement de l'empire des Goths en Espagne, une partie des habitans des royaumes conquis, fuyant devant les Barbares, se réfugièrent dans les Asturies. Nous avons vu avec quelle fermeté, quel courage héroïque, ces peuples défendirent les passages de leurs montagnes, qui devinrent l'asile d'où les Chrétiens imploroient en sûreté l'assistance de Dieu pour l'expulsion des Infidèles qui avoient envahi leur patrie. C'est en raison de ce dévouement que les Asturiens d'aujourd'hui jouissent de la récompense accordée à leurs ancêtres : ils sont tous nobles.

En quittant Saint-Ander, on se jette dans les montagnes qui bordent la côte : les chemins en sont impraticables pour les voitures, et très-dangereux pour les voyageurs à cheval. Si l'on veut se former une idée du chaos de la nature, et jouir de toutes ses horreurs, il faut traverser les Asturies. Les effets les plus hideux et les plus effrayans se présentent à chaque instant à la vue. Tantôt c'est une montagne à pic, dont la majeure partie est cachée par les nuages : il faut la gravir, et vous n'apercevez aucun chemin tracé. A force de chercher, on trouve enfin un sentier étroit, propre au passage des mules de charge seulement : à peine deux de ces animaux peuvent-ils passer de front dans les endroits les plus larges de ces escaliers qu'il faut gravir. La mer est à des centaines de pieds sous vos pas ; et le mugissement des vagues qui se brisent avec impétuosité contre la base du pic que vous gravissez, augmente l'horreur de votre position, et vous remplit d'effroi. Les orages sont fréquens dans ces parages : et lorsque l'éclair sillonne la nue qui vous enveloppe ; lorsque le tonnerre, dont les éclats se répètent et se prolongent par les échos des montagnes voisines, vient se mêler à cette scène épouvantable ; seul dans la nature, sans appui, sans secours, sans témoin ; je défie à l'homme le plus inaccessible à la crainte, de résister à un frissonnement involontaire ; je défie même le philosophe de ne pas reconnoître une puissance suprême, de ne pas recourir à sa protection par une invocation mentale. Au sommet de la montagne, est un

précipice

précipice sur lequel on plonge : il faut le franchir cependant pour gagner la montagne opposée. Des pierres roulantes, des escaliers de rochers, voilà la seule ressource à laquelle on puisse recourir. On est à chaque instant menacé de la mort : un faux pas de votre monture vous précipiteroit de roc en roc, et vous seriez brisé avant d'avoir roulé au bas de la montagne. Heureusement les mules qui fréquentent ces chemins sont habituées à marcher dans ces défilés dangereux ; et sur-tout elles sont sûres si on les abandonne à elles-mêmes. On doit les laisser choisir leur pas, leur mettre la bride sur le cou, et s'effrayer le moins possible d'être ainsi en équilibre sur les bords du précipice qui semble creusé pour vous servir de fosse. Il seroit plus imprudent de vouloir faire ces chemins à pied : en outre qu'on résisteroit difficilement à la fatigue, le moindre faux pas vous perdroit sans ressource. Arrivé au bas de la montagne, on espère être un moment tranquille pour ses jours ; mais un autre danger se présente : c'est un torrent ou une rivière qu'on doit traverser ; et il faut à gué braver l'impétuosité de l'un, ou se livrer à la tranquillité quelquefois trompeuse de l'autre, dont les eaux paisibles cachent des gouffres auxquels on échapperoit difficilement, si on avoit le malheur d'y tomber.

De Bilbao jusqu'à la Corogne, on traverse treize torrens, rivières ou bras de mer, la majeure partie des premiers à gué. Pour se refaire des fatigues morales et physiques qu'il éprouve sur cette route, le voyageur ne trouve que des auberges isolées (*ventas*), ou des hôtelleries de village aussi répugnantes que dénuées des choses de première nécessité. Pour surcroît d'infortune, la gale est en permanence dans les Asturies; les habitans n'y font nulle attention, ne font aucun remède pour la guérir, ne prennent aucune précaution pour en empêcher la propagation : aussi cette dégoûtante maladie est-elle endémique dans cette province; elle s'y transmet de père en fils; et je conseille au voyageur qui ne voudra pas partager une gale de vingt générations, de se prémunir en conséquence, et de se servir lui-même autant que possible en traversant les Asturies; car les serviteurs, mâles comme femelles, ne prennent aucun soin pour cacher les marques non douteuses de cette déplaisante épidémie. Les gens du pays prétendent qu'elle ne se communique pas; et, par un heureux effet de la Providence, ils sont convaincus que cette éruption les maintient en santé. Il est des cantons en Suisse, où une femme sans goitre est une femme sans beauté : je suis tenté de croire que dans les Asturies, et parmi ce peuple noble d'origine, un habitant sans gale est un individu sans preuves de noblesse.

Les Asturies, au surplus, ne sont pas le seul pays où la gale soit répandue, et endémique parmi la dernière classe de la société. La Franche-Comté est sujette au même inconvénient; et on n'y fait pas plus d'attention que dans la province d'Espagne dont nous parlons.

Après mille dangers, arrivons enfin à Oviédo, capitale de la principauté des Asturies. Cette ville fut bâtie en l'an 757, par le roi Froyla, successeur de ce don Alphonse le Catholique, qui abolit le mariage des prêtres en Espagne.

Oviédo n'a de remarquable que son antiquité, et d'avoir été citée, les Français disent par Le Sage; les Espagnols revendiquent le Gil-Blas de Santillane comme une production du terroir : ils assurent que Le Sage n'est que le traducteur d'un auteur espagnol, dont on ne trouve cependant l'ouvrage original dans aucune bibliothèque, même espagnole. La raison principale que l'on donne pour prouver cette prétendue usurpation littéraire, c'est qu'il est impossible qu'un étranger puisse connoître et décrire les mœurs d'un pays qui n'est pas le sien, avec les détails qui font un des charmes particuliers de cet immortel ouvrage.

Le commerce d'Oviédo se fait par Gijon, port de mer à quelques lieues nord de cette capitale. Les marchandises se transportent par la rivière qui baigne les murs d'Oviédo. Dix-huit commerçans se partagent le trafic des denrées coloniales et étrangères qui arrivent dans cette place, qui fait aussi une exportation en laines.

On trouve dans les montagnes des Asturies, des mines de fer qui fournissent le mineret nécessaire au travail de onze forges, neuf martinets pour les batteries de cuisine, et trente-sept pour les clous. On y a établi aussi deux martinets pour les ouvrages en cuivre; et dans l'arrondissement de Grado, il y a une fabrique de bombes, boulets, et autres munitions de guerre. Dans Oviédo, il y a un magasin royal d'armes.

Gijon fut autrefois gouverné par des comtes, qui se crurent assez puissans pour tenir tête aux souverains d'Espagne. Un d'eux, don Alphonse, força, en 1395, le roi de Castille, don Henri, à lever le siége qu'il avoit mis devant cette place : il capitula ensuite avec lui.

Gijon est avantageusement situé, et présente des défenses naturelles, soit du côté de terre, soit du côté de mer. On n'a pas assez profité des avantages de la nature; car l'entrée du port n'est que médiocrement défendue par un fort qui est dominé par des mamelons, et qui ne présenteroit, par conséquent, qu'une foible résistance à des troupes qui débarqueroient à l'ouest de la place. L'intérieur du port est vaste; les bâtimens de commerce, de toute grandeur, peuvent y entrer, et y trouvent un mouillage bien abrité et de bon fond. Quatorze commerçans y font un trafic assez considérable, qui consiste en noix, châtaignes et noisettes, que l'on embarque, à la fin d'octobre, pour le Nord; et en cidre réputé fort bon, que l'on exporte dans les possessions espagnoles d'Amérique. On estime qu'il en sort environ huit cents pipes par an : chaque pipe contient trente-quatre arobes. Les carrières de pierre qui sont près de cette ville, fournissent en quantité des meules de moulin, que l'on transporte dans la péninsule, et même chez l'étranger.

C'est aussi par ce port qu'on exporte le charbon de pierre qu'on tire des mines de Sangreo. Ce charbon est peut-être supérieur à celui de la principauté de Cornouailles en Angleterre, et les mines d'où on l'extrait sont assez abondantes pour fournir à une branche d'exportation très-considérable.

D'Oviédo, pour gagner le Ferrol, on a la continuation des mauvais chemins par lesquels on est arrivé dans cette capitale des Asturies.

Le Ferrol, la Galice.

Le Ferrol est un des trois départemens de la marine de Sa Majesté Catholique. Rien n'a été épargné pour rendre cet établissement aussi complet que possible ; et on remarque dans les bâtimens construits à cet effet, tout le luxe et toute la magnificence que déploie le gouvernement espagnol dans tout ce qui est utile au service de l'Etat. Le port du Ferrol est un bassin profond, entouré de hautes montagnes; il communique à la mer par un canal étroit, dans lequel on trouve un calme plat, quelqu'agité que soit l'Océan. Chaque soir, au coucher du soleil, on ferme avec une chaine l'entrée de ce canal, qui est défendu par deux forts avantageusement situés; et l'on peut dire que les vaisseaux sont sous clef dans le port du Ferrol, dont les approches, du côté de terre, ne sont pas assez protégés, attendu l'importance de la place et les dommages énormes qu'occasionneroit dans la marine espagnole un coup de main exécuté par des ennemis entreprenans.

En 1798, les Anglais, comptant plus sur les succès auxquels ils sont habitués sur mer que sur l'énergie des Espagnols, sachant la place du Ferrol dégarnie des troupes nécessaires pour la défendre, ordonnèrent à l'amiral sir John Borlace-Warren de tenter une attaque contre cette place, avec ordre de détruire les arsenaux, magasins, etc., et d'incendier les vaisseaux.

En conséquence desdits ordres, l'amiral anglais, appareilla de la baie de Quiberon avec une escadre composée des vaissseaux *le Renown*, de 74; *l'Impétueux*, de 98; *l'Ajax*, de 80; *le London*, de 98; *le Courageux*, de 74; *le Gibraltar*, de 80, quelques frégates, cutters, et plusieurs transports. Les troupes de débarquement que cette escadre portoit, au nombre de 11,000 hommes, avoient été en partie long-temps campées sur les îles d'Edic et Houat, en face de Belle-Isle, dont on avoit médité l'attaque. La nouvelle de la bataille de Marengo vint changer leur destination, qui eut pour lors pour objet le coup de main sur le Ferrol. L'escadre se présenta devant la baie de Dognigno, située sur les revers et dans la partie nord du Ferrol. La baie de Dognigno, de forme circulaire, présente une plage très-commode pour un débarquement, et n'est défendue que par un fort de neuf canons, élevé au bord de la mer, et vers le milieu de l'arc. Ce fort parut vouloir opposer de la résistance, mais son feu fut éteint par celui du vaisseau *l'Impétueux ;* et la garnison, composée de trente hommes, l'évacua, et se retira vers les hauteurs, du côté de l'est. Le débarquement commença dès que tous les vaisseaux eurent jeté l'ancre. La mer étant calme, il s'opéra avec une promptitude extrême; car en moins de quatre heures, les 11,000 hommes, sous les ordres de sir James Pulteney, furent en bataille sur la grève, avec l'artillerie correspondant au nombre de leurs bataillons : les échelles d'escalade, dont on pouvoit avoir besoin, furent aussi débarquées, et l'armée se mit en marche deux heures avant la nuit. Elle suivit le vallon, et puis les hauteurs qui séparent la baie de Dognigno de la ville du Ferrol.

Pendant que le débarquement s'opéroit, le commandant du Ferrol rassembloit le peu de force qu'il pouvoit avoir, soit dans la place, soit dans les environs : il y avoit joint quelques troupes détachées des vaisseaux qui étoient mouillés dans la baie, et il avoit envoyé l'ordre aux habitans de la campagne de se lever en masse. Les amiraux don Juan Moreno et don Francisco Melgarejo, commandant l'un le port et l'autre l'escadre, avertis par les vigies de l'approche de l'escadre anglaise, avoient déjà fait toutes les dispositions pour repousser une attaque par mer et par terre, du côté du port. Le goulet avoit été barré avec la chaîne, et l'approche en étoit défendue par des chaloupes armées de mortiers et de canons de gros calibre. Les vaisseaux *le Royal-Charles*, de 104 canons; *le Saint-Ermanegilde*, de 104; *l'Argonaute*, de 80; et deux vaisseaux, un de 74, et l'autre de 64, étoient mouillés en ordre de bataille dans la rade, et sous la protection d'une batterie de terre.

Vers dix heures du soir, les tirailleurs anglais commencèrent le feu avec les troupes espagnoles qui garnissoient les hauteurs : les avant-postes espagnols furent repoussés ; et à la pointe du jour, l'armée anglaise se trouvoit sur une hauteur qui domine la Gragna et le Ferrol. De cette hauteur, on apercevoit distinctement, au milieu du désordre qui règne parmi les habitans d'une ville surprise, les préparatifs militaires que l'on faisoit pour sa défense. L'on voyoit aussi le feu que les chaloupes espagnoles stationnées devant le goulet, faisoient sur deux régimens anglais, envoyés pour attaquer un fort qui est sur la droite du canal. Sir James Pulteney, instruit que des troupes et des paysans armés s'avançoient pour le combattre, envoya, à huit heures du matin, son aide-de-camp, le capitaine Maitland, à bord de l'amiral, pour le prévenir qu'il alloit faire sa retraite, et se rembarquer. En vain sir Edward Pellew et le capitaine Cochrane offrirent-ils à sir John Borlace-Warren de forcer la passe, d'attaquer l'escadre au mouillage, et puis la ville du côté de la mer ; l'amiral ne crut pas devoir compromettre ses vaisseaux dans une attaque dont on ne pouvoit espérer de succès qu'au moyen d'une coopération puissante par des forces de terre : il insista fortement ; et vers deux heures et demie, on aperçut, des vaisseaux, l'avant-garde de sir James, qui descendoit des hauteurs. On envoya sur-le-champ des chaloupes ; et toute l'armée fut rembarquée avant la nuit, n'ayant pas été vingt-quatre heures à terre.

Les Anglais traduisirent sir James Pulteney devant un conseil de guerre. Les officiers de l'escadre de sir John Borlace-Warren l'accusèrent fortement; mais il se disculpa en disant qu'après avoir reconnu le Ferrol, il avoit jugé ses forces insuffisantes pour attaquer une ville fortifiée régulièrement ; qu'il eût fallu faire un siége en règle ; qu'il n'y étoit pas autorisé ; et que, l'eût-il été, pendant le temps des opérations préalables, l'ennemi auroit rassemblé des forces considérables, qui auroient non-seulement fait lever le siége, mais qui auroient même mis les troupes anglaises dans l'impossibilité de se rembarquer. Soutenu par les ministres, sir James fut justifié aux yeux du public, sans l'être aux yeux des officiers témoins de sa conduite. Ces derniers prétendirent que, dans le dénuement de garnison du Ferrol, un coup de main hardi en assuroit la prise. Mais ces officiers ne calculoient pas les moyens qu'avoit le commandant espagnol, de rassembler une masse d'habitans armés et courageux, auxquels onze mille hommes n'auroient pu tenir tête, dans la supposition même où ils auroient eu des succès après leur débarquement.

LA COROGNE.

DANS la baie où est situé le Ferrol, et à trois lieues sud-sud-ouest de cette ville, se trouve le port de la Corogne, dans lequel les frégates peuvent mouiller. L'entrée en est défendue par les batteries du fort Saint-Antoine, qui sert aussi de prison d'Etat. Les gros bâtimens qui veulent entrer dans le port doivent longer la côte qui est au nord-nord-est du fort, sans quoi ils risqueroient de s'échouer sur les sables qui sont dans la partie opposée.

C'est de ce port que partent régulièrement, en temps de paix, les paquebots de correspondance avec les Amériques espagnoles. Il s'y fait un commerce considérable, soit avec le nord de l'Europe, soit avec les colonies. Cette place compte 58 négocians matriculés, et renferme plusieurs fabriques, parmi lesquelles l'on en remarque une de chapeaux fins, qui emploie 150 personnes. Cette fabrique, propriété de don Jean-François Barrié, a pris un accroissement considérable, depuis que dès chapeliers de Lyon y sont venus apporter leur industrie. Le débit de ces chapeaux se fait dans l'intérieur de l'Espagne.

La ville de la Corogne est la résidence du capitaine général de la Galice. Grande, mais assez mal bâtie, elle n'a de remarquable qu'un quai fort beau, qui règne tout le long du mouillage. Elle est défendue, à l'ouest, par une citadelle qui domine la ville. Toute la côte de l'ouest, d'un abordage difficile, est garnie de batteries et de forts qui rendent maintenant toute surprise impossible. Il y a ordinairement quatre régimens d'infanterie dans la place. En 1386, le duc de Lancastre, voulant opérer une diversion favorable aux Portugais, alors en guerre avec l'Espagne, effectua, à la tête de 3,000 Anglais, un débarquement près de cette place: il l'attaqua; mais n'ayant pu s'en emparer, il se porta sur Saint-Jacques de Compostelle, s'en rendit maître, et, par cette expédition, fut d'un grand secours aux alliés de son pays.

A l'ouest-nord-nord-ouest, et à une lieue de la Corogne, est situé, sur une montagne d'une grande élévation, un fanal d'une grande beauté. Il est éclairé par un foyer à réverbère, entretenu avec du charbon. On en aperçoit la clarté à 20 lieues en mer, et il annonce aux navigateurs les attérages du cap Ortegal, qui s'avance en éperon dans l'Océan, et forme la séparation du golfe de Gascogne, avec la grande mer qui court au sud 1/4 sud-est, sur le cap Finistère, qui est à 25 lieues au-dessous du cap Ortegal.

Pendant un séjour de trois semaines que je fis à la Corogne, de préférence je dirigeai ma promenade vers un promontoire situé à trois quarts de lieues de la ville. J'y allois presque journellement, et sur-tout lorsque le temps étoit mauvais et la mer agitée : c'étoit dans le mois de décembre, mois fameux par les orages et les coups de vent qui précèdent le solstice d'hiver, et que les marins désignent sous le nom de coups de vent de la Noël. Un jour, entr'autres, la mer étoit furieuse, le vent d'une violence extrême, et j'eus beaucoup de peine à gagner mon rocher favori, qui paroît une ruine aussi vieille que le monde, et qui, miné à sa base, et suspendu pour ainsi dire sur l'abyme, semble encore défier toutes les fureurs de l'Océan. Parvenu enfin à la concavité dans laquelle j'avois habitude de me mettre, et d'où je contemplois ce spectacle si imposant de la puissance divine, un tremblement involontaire me saisit : je n'osois jeter les yeux sur les flots du large, qui venoient se briser sous mes pieds avec un horrible fracas, me couvroient d'une écume jaillissante, et me menaçoient à chaque instant d'engloutir et mon asile et ma personne. J'allois quitter cette retraite dangereuse, lorsqu'à travers la clarté répandue par des nuages, je découvris à l'horizon un vaisseau luttant contre la tempête. Oubliant alors le danger que je croyois courir, toutes mes craintes disparurent, et se dirigèrent vers ces infortunés, qui étoient le jouet des vagues et des vents, et qu'une négligence du timonier pouvoit anéantir à jamais. Peu à peu cependant mes alarmes se dissipèrent en voyant le vaisseau se diriger au gré du pilote; et à ce mouvement d'effroi succéda un sentiment d'admiration.... Quel mortel n'a pas, au premier abord. admiré l'homme en voyant ce chef-d'œuvre de son industrie, ce vaisseau dont les flancs portent l'empreinte de la mort, cette masse si imposante qui maîtrise les élémens! Mais, par un retour sur soi-même, est-ce bien l'homme et son ouvrage que l'on admire? Ou bien, en comparant cette

masse

masse qui nous paroît indestructible ; cette combinaison, ce complément de la science et de la puissance de l'homme, à l'étendue, à la profondeur de l'élément qui la supporte, ne sommes-nous pas forcés d'avouer encore notre foiblesse, et d'admirer un être surnaturel ?

Que les bords de la mer sont dangereux pour une ame sensiblement organisée, pour un cœur fortement affecté ! Ce bruit régulier et monotone de la vague tranquille qui vient mourir sur le rivage ; cette étendue immense sur laquelle l'air se perd ; l'agitation des flots quand ils sont soulevés ; le chant lugubre et sinistre des oiseaux, qui se mêle alors aux mugissemens des flots : tout porte l'ame à la méditation ; tout nous force à reconnoître un Dieu tout-puissant, mais un Dieu protecteur. — Vous incrédules, vous philosophes sans morale, transportez-vous sur mon rocher, qui sert de borne à l'Océan, au pied duquel les lames viennent se briser, et d'où, reprenant un mouvement sur elles-mêmes, elles reviennent avec plus de fureur expirer près des limites que Dieu leur a prescrites : là, contemplant la grandeur de l'ouvrage que vous aurez sous les yeux, niez. si vous l'osez, l'existence d'un Dieu créateur!

Ce magnifique spectacle qui porte l'ame à une méditation élevée, la plonge aussi dans des rêveries pleines de douceur. Eloigné du monde entier, isolé, pour ainsi dire, de la nature, l'homme sensible, celui qui fouillant dans son cœur y trouve une plaie qu'il ne veut ou ne peut cicatriser; celui-là, dis-je, se plait à contempler l'image de son ame. Cette agitation presque continuelle; ce calme momentané, avant-coureur des tempêtes : tout cet ensemble lui représente les effets d'une passion qu'il chérit, d'une passion qui fait son bonheur. — O tendre et vertueuse amie, toi dont le nom est gravé dans mon cœur, combien de momens heureux ai je passés sur ce rocher! Ma mémoire alloit chercher dans mon ame toutes les circonstances, tous les détails du sentiment que tu m'as inspiré. La première fois que je te vis; la première impression que je ressentis; le premier aveu que j'osai te faire, longtemps, il est vrai, après que mes yeux et mes soupirs indiscrets t'eurent assuré de mon amour : rien ne fut oublié. Il y a cependant des années; et il me semble que c'étoit hier.

Je m'arrachois avec peine de ce lieu, où je pensois à toi : je voyois avec regret le soleil se plonger dans le sein des mers; il m'annonçoit qu'il falloit quitter le tête-à-tête délicieux que mon imagination me procuroit. — Comme j'y étois heureux! J'étois près de toi; je te voyois; je t'entendois; je te jurois la sincérité de mes sentimens; et un regard languissant et tendre, un sourire gracieux, l'agitation de ton sein, m'étoient garans de ton approbation. Je me précipitois à tes pieds; je couvrois de baisers une main que je sollicitois de signer mon bonheur pour la vie : un soupir étoit ta seule réponse. Je le voulois recevoir, ce soupir précieux; je voulois l'empêcher d'expirer sur tes lèvres; je voulois le faire passer dans mon ame, pour qu'il y portât l'ivresse de la félicité : mais le respect dû à l'innocence, la pureté, la délicatesse de mon amour, m'arrêtoient; et mon cœur, de plus en plus passionné, s'applaudissoit d'une victoire qu'il devoit à ta vertu.

Ces résultats de la sensibilité et de l'imagination procurent des jouissances sans doute; jouissances déterminées par les accidens et les lieux, mais qui sont toujours aux dépens du bonheur réel; car il est bien cruel le moment où le voile se déchire, où l'illusion disparoit, et où la fiction fait place à la vérité. Malgré ces pénibles contrastes, je doute qu'il existe un individu doué d'une imagination vive et d'une ame facile à s'émouvoir, qui échangeât les sensations qui en émanent, pour les jouissances calculées d'un homme sans passion, d'un homme mort à la nature, insensible à ses effets, et sur lequel l'amour, et même l'amitié, n'exercent aucun de leurs droits. Au retour de mes promenades au rocher, mon cœur étoit surchargé de bonheur; l'espérance en faisoit tous les frais : le temps a détruit l'espérance, mais le souvenir m'est resté; et le soupir que j'exhale a encore quelque charme.

SANTO-YAGO (SAINT-JACQUES DE COMPOSTELLE).

ME trouvant si près de ce pélerinage fameux dans la chrétienté, je voulus aussi visiter ce lieu saint, fréquenté, depuis l'an 840, par les rois comme par le fidèle le plus obscur. Moins humble que la plupart de ceux qui vont à ce rendez-vous général de la religion, je louai une calèche; et pour 9 piastres (54 liv.), je fis les dix lieues qui séparent Santo-Yago de la Corogne. Je trouvai sur mon chemin nombre de croyans revêtus des marques de l'humilité, même de celles de la pauvreté : ils alloient à pied, le bourdon à la main, et le camail orné de coquilles, sur l'épaule. Mais où sont ces rois d'Arragon, ceux de Navarre, ce Louis-le-Jeune, roi de France, se dépouillant du faste de la souveraineté pour se confondre parmi la foule de chrétiens qui accourent encore de nos jours de toutes les parties du monde à Saint-Jacques de Compostelle, en accomplissement de leur vœu? Cet acte de foi est exclusif maintenant aux êtres infortunés, depuis que l'incrédulité est arrivée sous les ailes de la philosophie. D'un excès peut-être, dont les résultats tournoient cependant au profit de la société, on est tombé dans un autre, dont les suites ont été funestes non-seulement au bonheur particulier, mais encore au bonheur de l'humanité entière. Quel individu, je ne dis pas un de ces esprits qu'on appelle forts, mais un homme sage, exact à remplir ses devoirs de chrétien, possédant une fortune indépendante, oseroit, non pas avouer à ses amis (il craindroit trop le ridicule), mais auroit même la pensée d'aller à Santo-Yago en pélerinage, pour accomplir un vœu? Depuis qu'on s'est joué des sermens, les vœux ont été oubliés. Qu'avons-nous gagné à ce changement de mœurs, qu'on appelle civilisation?

Une tradition bien ancienne rapporte qu'en l'an 808, on trouva le corps de saint Jacques dans un hermitage situé dans une des forêts de la Galice. Théodomir, évêque d'Iria, transforma cet hermitage en une église, qu'il fit bâtir à ses frais. On y déposa le corps du saint apôtre : et il se forma aussitôt une ville, sous le nom de Saint-Jacques de Compostelle ; et l'évêque y transféra son siége. Cette ville est bâtie sur une hauteur, et domine une plaine assez étroite, mais très-cultivée, et jolie dans la perspective, qui se prolonge sur des coteaux couverts de vignes et de bois. La ville est belle et grande; mais les rues sont fort mal pavées. La cathédrale, quoique massive, est remarquable par son architecture gothique. L'archevêché est voisin de la cathédrale; mais il est d'une apparence désagréable, et bâti sans goût. L'archevêque jouit de 600,000 liv. de rentes; et ce revenu, comme dans les autres évêchés d'Espagne, est le patrimoine des pauvres.

Dans la cathédrale est une chapelle dédiée particulièrement à saint Jacques, patron de l'Espagne. Cette chapelle, éclairée seulement par la coupole du dôme, qui est très-élevé, est aussi remarquable par la statue du Saint, de deux pieds de haut, et en or massif. Le devant d'autel, l'encadrement du dessus de cet autel, sont en argent massif. Le tabernacle est en vermeil. Il seroit difficile d'énumérer les richesses accumulées dans cette église. Des souverains, ne pouvant abandonner le gouvernement de leurs Etats pour l'accomplissement d'un acte religieux, ont voulu perpétuer, par leur munificence, le respect qu'ils avoient pour la religion. Un roi de Portugal a donné un luminaire en vermeil, d'une très-grande beauté, mais qui ne peut être comparé à celui qui est placé au fond de l'église, en face du chœur : il fut donné par un pape. Sa forme en est ovale : il est en argent massif; et les reliefs dont il est couvert sont en or.

Dans la chapelle des reliques, non-seulement le tabernacle et le devant d'autel sont en argent massif, mais tous les reliquaires sont en vermeil, ornés de diamans et de pierres précieuses. Ils sont placés sur des tablettes dont les baguettes sont en argent. A la droite et à la gauche de l'autel s'élèvent deux colonnes revêtues de plaques en argent : elles soutiennent un ciel, aussi revêtu de lames de même métal. Cette chapelle est éclairée toutes les nuits par plus de mille bougies, placées en avant des tablettes. La réfraction de ces lumières sur ces masses d'or et d'argent, sur ces diamans, éblouit la vue; et il est difficile, pour ne pas dire impossible, de visiter cette chapelle, d'en contempler la majesté et l'éclat, d'y voir des milliers de fidèles, de tout costume, de tout pays, prosternés devant ces reliques, priant avec cette ferveur que la foi seule peut donner, sans être saisi soi-même d'un mouvement religieux, sans éprouver l'effet d'une influence toute divine.

Parmi les pélerins qui étoient à Santo-Yago lorsque j'y passai, je remarquai un Grec, que je trouvois en prières chaque fois que j'allois dans l'église. Des philosophes me diront sans doute, que si je visitois la Mecque, j'y trouverois la même affluence de pélerins, de même venus de loin, et prosternés devant le tombeau du prophète. En réponse, je demanderai à ces philosophes s'il est un seul des Commandemens de Dieu ou de l'Eglise qui ordonne le pélerinage à Saint-Jacques de Compostelle, comme le Koran prescrit aux Musulmans le voyage à la Mecque? Puisque la seule croyance produit sur les disciples de Jésus-Christ les effets que la crainte d'un châtiment éternel opère sur les sectaires de Mahomet, il faut au moins donner la préférence à la religion qui, au lieu de l'assurance des peines, donne l'espérance du salut à ceux même qui s'écartent des devoirs prescrits.

C'est dans l'église métropolitaine de Saint-Jacques, c'est aux pieds de la statue de ce

Saint, que le roi don Alphonse fut armé chevalier de l'ordre de la Bande. Cet ordre, qu'il avoit créé pour les gentilshommes qui avoient servi dix ans dans les armées, a été détruit; mais il doit être considéré comme ayant donné lieu à l'institution de celui nommé l'ordre de Saint-Jacques, qui est le premier ordre militaire, et le plus estimé de ceux qui existent en Espagne. Les statuts de cet ordre, les preuves de noblesse et de service, ainsi que le mode de réception, sont les mêmes qu'étoient ceux pour l'admission dans l'ordre de la Bande.

PONTEVEDRA, VIGO.

De Santo-Yago pour gagner le port de Vigo, il faut passer par Pontevedra, ville à huit lieues de Saint-Jacques de Compostelle. Pontevedra est agréablement situé sur un coteau d'où la vue s'étend d'un côté sur la mer, qui est à trois quarts de lieue de la ville; et de l'autre, sur un amphithéâtre de collines couvertes de vignes. Dans une des guerres récentes, les Anglais débarquèrent près de cette ville, dévastèrent tous les vignobles, et pillèrent les maisons des habitans paisibles de ces contrées. Qu'une armée conquérante se pourvoie dans le pays ennemi des vivres qui lui sont nécessaires; que ces rétributions retombent sur les peuples : c'est un malheur sans doute; mais telles sont les lois impérieuses de la guerre. Qu'un bâtiment errant sur la mer jette une poignée de monde sur une plage non défendue; que ces bandits (car ce ne sont plus alors des soldats, ils en déshonorent le titre) s'accagent les habitations, détruisent les fruits de la terre, quelle gloire une armée retire-t-elle de ces pirateries ; quel profit en revient-il au Gouvernement qui les ordonne ? La ruine de quelques centaines de cultivateurs est-elle de quelque poids dans la balance des intérêts des nations ? Toutes ces expéditions insignifiantes me paroissent contraires à la dignité d'un grand Etat, et elles devroient être proscrites par le droit des nations.

Dans l'auberge française de Pontevedra, qui est la meilleure de celles qu'on y trouve, je m'accostai d'un Espagnol qui alloit à Vigo pour s'embarquer. Il me proposa de faire à pied les deux lieues qu'il faut faire pour gagner Lullo, mauvais village au fond de la baie, et à trois lieues de Vigo. J'acceptai sa proposition avec plaisir ; mais, en jetant les yeux sur les équipages de mon compagnon de route, je lui demandai de quelle manière il les feroit porter. Il m'engagea à ne point m'inquiéter à ce sujet. Je crus qu'il avoit loué une mule de charge. Mais quel fut mon étonnement, en voyant, au lieu de mule, arriver quatre femmes ! Deux d'entr'elles se firent charger sur la tête chacune une malle pesant au moins deux cents livres ; une troisième s'empara de mon porte-manteau ; et, se relayant de distance en distance, elles marchoient avec leur charge, d'une telle vitesse, que nous eûmes de la peine à les suivre. Pour le transport de ces deux malles, elles ne demandèrent que deux piastres, (10 liv.) et une piecete (20 sous), pour mon porte-manteau.

La route, depuis la Corogne jusqu'à Lullo, est d'une beauté qui ne le cède en rien aux meilleurs chemins d'Angleterre et de France. Le pays qu'on parcourt est généralement peu fertile : on y cultive principalement le maïs. Le pain fait moitié de froment et moitié de seigle, se vend au marché, et à raison de 6 s. la livre. Le peuple ne mange que du maïs.

A Lullo on prend un bateau, et on traverse la partie sud de la baie de Vigo. Cette ville, la résidence du gouverneur de la province de Tuy, est à trois lieues de la capitale, qui porte le nom de la province. Tuy est sur la frontière du Portugal.

Vigo est bâti sur un rocher : les rues n'en sont point pavées; et on a cru sans doute suppléer à cet inconvénient en laissant dans leur entier des quartiers de roche qu'il faut enjamber pour parcourir la ville, qui heureusement est fort petite.

La baie de Vigo est une des plus vastes, des

plus sûres et des plus profondes de celles de notre continent. On y entre facilement par deux passes : l'une au nord, l'autre à l'ouest-sud-ouest d'un rocher large et épaté, qui est en face du goulet. La passe du nord est trop large pour qu'on puisse la défendre par des batteries de terre. Le goulet passé, la baie s'ouvre à la droite et à la gauche, et présente un bassin de forme circulaire, abrité dans toute sa circonférence par de hautes montagnes bien cultivées, et dont l'aspect est très-riant. La ville est au sud-sud-est du goulet. Les vaisseaux de ligne peuvent mouiller en toute sûreté dans toutes les parties de la baie, qui a généralement trente brasses de fond, même près de terre.

Cette baie est si vaste, qu'en temps de guerre les vaisseaux ennemis viennent y mouiller sans crainte. Après l'expédition manquée sur le Ferrol en 1798, et dont nous avons parlé, sir John Borlace-Warren vint relâcher à Vigo. Il y resta près de quinze jours, en bonne intelligence avec le commandant de la ville, qui n'ayant pour toute défense qu'un mauvais fortin, qu'on dit être destiné à protéger la ville, manquant de chaloupes canonnières.

préféra cet accord tacite et pacifique, à la certitude de voir détruire Vigo sans possibilité de l'empêcher. Il rassembla cependant les milices du pays, et se mit en mesure d'empêcher un débarquement et une invasion.

Le gouvernement espagnol a long-temps balancé entre Vigo et le Ferrol pour l'établissement d'un dépôt. La proximité du Portugal est sans doute le motif qui a déterminé S. M. C. à donner la préférence au Ferrol.

Le commerce de Vigo n'est presque qu'un commerce de cabotage, dont se sont emparés les Catalans industrieux et actifs : ils y apportent des vins, et en exportent des sardines. Ces deux branches occupent vingt-huit négocians, tandis que le commerce d'Amérique n'emploie que six individus.

Il y a dans cette petite ville deux fabriques de chapeaux, une de cuir, et deux de savon. Les chapeaux se consomment particulièrement à Buenos-Ayres.

Après un court séjour à Vigo, je regagnai la Corogne par le même chemin que j'avois déjà suivi.

Route de la Corogne a Madrid, avec les Maragattos.

On appelle Maragattos les habitans d'un canton qui est dans les environs d'Astorga. Par suite de temps, ils ont accaparé le transport des marchandises des ports de Galice à Madrid, et *vice versâ*. Ils ne vont jamais sur d'autres routes; et les conducteurs qui vont de la même manière dans les autres parties de l'Espagne, et qu'on nomme *arieros*, ne fréquentent jamais la Galice. Les Maragattos ont une réputation de probité qui ne s'est démentie par aucun fait qui ait pu porter atteinte à leur honnête et franche loyauté. On leur confie, en toute sécurité, effets et argent; et, très-désintéressés, ils se contentent d'un léger bénéfice. On paie à raison d'un douro et demi par arobe; ce qui fait 30 liv. par quintal, pour le poids des marchandises, pour cent vingt lieues.

Le voyageur qui, sans aller en Afrique, voudra avoir un tableau des caravanes traversant lentement les déserts, doit aller de la

Corogne

Corogne à Madrid, avec les Maragattos. S'il aime les grands effets de la nature, il les trouvera à chaque pas qu'il sera dans les montagnes de la Galice; et si son cœur soupire après un objet aimé, les solitudes qu'il traversera, affreuses pour l'être mort à l'amour, se métamorphoseront pour lui en un séjour délicieux. L'homme habitué aux plaisirs du monde, conçoit difficilement qu'il existe des jouissances autre part que dans un bal, à un opéra nouveau, et dans ces réunions où l'individu qui craint le coin de son feu, échange le bonheur réel contre la satisfaction qu'éprouve son amour-propre en recevant dans le monde un accueil motivé sur l'étiquette, et dicté par la fausseté, qu'on décore du titre de bon ton. Mais l'homme qui n'a besoin que de se replier sur lui-même pour jouir d'une vraie félicité, est heureux, et vraiment heureux, à la cime d'un rocher, au pied d'un arbre : la contemplation de la nature lui suffit; et pourvu qu'il possède un autre lui-même à qui il puisse confier ses affections, et faire partager ses sentimens, tout autre desir disparoit : l'ambition même, ce tyran du cœur humain; la soif des richesses, source de tant de crimes, n'exercent plus aucun empire sur son ame vertueuse.

C'est dans les hameaux, c'est dans les montagnes de Galice, qu'on trouve les mœurs pastorales; des hommes simples, doux, hospitaliers; pleins de cette candeur, de cette bonne foi, de ces vertus du premier âge, détruite chez nous, par ce que nous avons appelé civilisation. Les vertus se sont réfugiées chez ces paisibles montagnards, qui sont uniquement occupés de leurs travaux rustiques et de leurs troupeaux; ils ignorent notre luxe et même nos arts; ils coulent en paix des jours consacrés à un travail pénible, et la pureté de l'ame, la santé du corps, sont leur première récompense; car, ainsi que le dit Thompson,

« Even from the body's purity, the mind
» Receives a sweet sympathetic aid. »

Mais parcourons rapidement ces montagnes: je leurs dois cependant des jouissances pures; je devrois les décrire, mais je me contenterai d'en marquer l'itinéraire. J'avois fait marché avec un Maragatto, pour me conduire à Madrid, en treize jours, et pour le médiocre prix de 16 piastres (80 francs). Avant de nous mettre en route, mon conducteur me fit faire provision de pain de froment pour trois jours: je trouvai cependant du pain de seigle à toutes les couchées. Il m'engagea aussi à me munir d'un jambon. Me voilà donc en route, monté sur une mule sans br[illegible] une simple corde qui servoit de licol en main, et suivant la file des animaux de charge, qu'on appelle *la requa*, ayant pour toute compagnie mes réflexions.

La première journée, nous ne fîmes que trois lieues pour aller coucher à Betansos, qu'on honore du nom de ville, quoique deux rangs de maisons y forment une seule rue. Betansos est situé sur le penchant d'une colline, au bas de laquelle coule une rivière qui porte le nom de la ville, et qui va se jeter dans la baie de la Corogne.

A quatre heures du matin, nous quittâmes Betansos; et après six heures de marche, nous arrivâmes sous un arbre, seul produit d'un sol inculte. C'est sous cet abri que je fis, avec mon Maragatto, un dîner frugal, pris sur les provisions que j'avois avec moi. Après deux heures de sieste, nous nous remîmes en route, et arrivâmes de nuit à un hameau nommé

Coral. Nous avions marché pendant quatorze heures, et fait neuf lieues depuis Betansos. Si j'eusse pu être rebuté de mon entreprise, ce qu'on appelle l'auberge de Coral m'eût sans doute fait rebrousser chemin. Qu'on s'imagine un terrain assez considérable, entouré de quatre murailles mal construites, surmontées par un toit en chaume, et le jour arrivant par la porte; car les fenêtres ne sont pas en usage pour ces bâtimens. Au milieu de ce tombeau, est un âtre entouré de bancs : c'est là que se fait la cuisine; c'est autour de ce feu que se tiennent les voyageurs, les maîtres de la maison, et les valets (*mozos*). Comme il n'y a pas d'ouverture au toit, la fumée se répand dans l'intérieur, et s'échappe après par les fentes des murailles, et par les crevasses du chaume; il est vrai que les unes et les autres sont en grand nombre. Les bœufs, les cochons, les moutons, les mules et les hommes vivent en commun dans ces hôtelleries. Les quatre côtés en sont destinés à chaque espèce différente : les maîtres, les valets, dorment autour du feu, et les voyageurs trouvent des lits ou de la paille, dans un grenier qui est au-dessus du côté destiné aux mules.

Après avoir fait un souper détestable, je me jetai tout habillé sur de la paille que je présérai au lit qu'on m'offroit. Je m'endormis avec l'espoir que je serois mieux à la couchée du lendemain. A la suite d'un repas frugal et sain, le sommeil est léger, les rêves agréables : je passai donc une très-bonne nuit, et fus presque contrarié lorsqu'on m'éveilla de grand matin pour prendre mon chocolat, usage général en Espagne, et puis remonter sur ma mule. Nous arrivâmes à Lugo pour dîner ; mais il étoit midi : il n'y avoit plus de viande au marché ; et je fus obligé, dans une auberge de ville, d'avoir recours encore à mon jambon. Nous fîmes cinq lieues dans l'après-dînée, et couchâmes à Marège, village situé dans les montagnes qui séparent la Galice de la province de Castille. Les vallées qu'on trouve dans ces montagnes sont bien cultivées, mais ne rapportent que du seigle.

J'avois déjà, dans les montagnes de Saint-Ander, pris une grande confiance dans la manière dont les mules se tirent des mauvais pas : aussi, du moment que nous fûmes dans les sentiers du Puerto (les Espagnols appellent Puerto les passages dans les hautes montagnes : il y en a trois dans les montagnes de Galice, sur la route de la Corogne à Madrid), je m'abandonnai entièrement à ma monture; et ma sécurité devint entière.

Notre quatrième couchée fut dans une des cinq chaumières qui composent le hameau de la Sierra. On peut se douter que mon souper ne fut pas meilleur qu'à Betansos. Le cinquième jour, et de grand matin, je traversai Villa-Franca, ville grande et assez belle. Le lendemain, nous arrivâmes pour dîner à Mandinela, séjour du maître Maragatto, propriétaire des mules qui formoient la *requa* dont ma monture faisoit partie. Quelle fut ma surprise, en entrant dans une cour très-vaste, de voir une maison spacieuse, fort bien bâtie, et dont l'ensemble m'annonçoit une grande aisance! Le maître, après m'avoir salué, entra en conversation avec son valet : pendant ce temps, sa femme et ses enfans s'occupèrent uniquement de moi; et, par leur empressement franc et dépouillé de ce cérémonial respectueux qui, chez nos maîtres d'hôtellerie, cache l'appât du lucre, ils me firent éprouver une jouissance pure. Je me crus arrivant chez ces peuples hospitaliers, si éloignés de notre siècle et de nos mœurs, qui se réjouissent à l'arrivée d'un étranger. Pendant les vingt-quatre heures qu'on est dans l'usage de rester chez le maître Maragatto, je fus, ainsi que cela se pratique, défrayé de toute dépense. Je fus très-étonné de me voir servi avec de l'argenterie ; et la propreté de la maison me ravit d'autant plus, que depuis mon départ de la Corogne, j'en avois éprouvé les plus dégoûtans contrastes.

En quittant Mandinela, nous passâmes le dernier Puerto des montagnes de Galice ; et, par un chemin pierreux, nous arrivâmes à Sabrones. La journée suivante nous conduisit à Proubadour del Vella, dont le territoire sablonneux fournit d'excellens vins. Les caves sont creusées dans les coteaux qui sont couverts des vignes. Cette manière de conserver le vin me parut curieuse ; et l'expérience de ce pays prouve en faveur de cette méthode, qui ne peut cependant être mise en pratique que dans un pays où la bonne foi, le respect des propriétés, sont des vertus innées parmi les habitans. Ceux de ce canton tirent un produit considérable de leurs vins, dont la qualité est supérieure. Les villages sont rapprochés ; et les maisons, bien bâties, et couvertes en tuile, annoncent une grande aisance.

Pour gagner Feracinos, je voyageois entre des coteaux couverts de vignobles : c'étoit à l'époque des vendanges; et j'eus souvent l'occasion de remarquer le généreux désintéressement des peuples de ces contrées. Avec quelle complaisance ils m'offroient leurs raisins ! Mais quelle étoit sensible la peine qu'ils éprouvoient lorsque je leur en demandois le prix, que je leur en offrois le salaire ! Ils avoient l'air humiliés de ce que j'apprécíois par de l'argent un don fait par leur cœur. — Heureux et bons Espagnols, restez long-temps ce que vous êtes ! Vous possédez des vertus; elles sont la base de votre félicité : mais, pour la conserver cette félicité, pour la conserver dans toute sa pureté, repoussez loin de vous toute idée de philosophie, et méfiez-vous sur-tout de ce qu'on appelle civilisation; mot qu'ont dénaturé les novateurs, et dont ils se servent pour couvrir leurs projets désorganisateurs, qui sont toujours calculés sur l'avantage de leur fortune, sur leur bien-être personnel, et d'après les combinaisons de leur vain amour-propre et de leur sot orgueil.

Nous quittâmes Feracinos avant le jour, afin d'arriver à Benavente d'assez bonne heure pour entendre la messe. C'étoit un dimanche; et rien ne détourne un Espagnol de ses devoirs religieux. Pour les accomplir, il sacrifie son repos, et même ses plaisirs. Une demi-lieue avant Benavente, nous passâmes le Douro à gué : cette rivière, qui se jette dans la mer après avoir traversé la partie nord du Portugal, n'est qu'un filet d'eau à l'endroit où je la guéai; mais, par la largeur de son lit, par le pont de dix-neuf arches qui est au-dessous de l'endroit où je la traversai, et par un autre pont de neuf arches, à trente toises, et dans le même alignement que le premier, j'ai jugé qu'à la fonte des neiges cette rivière devenoit un torrent qui couvroit une partie de la plaine dans laquelle est son lit.

Benavente est une ville assez grande et bien bâtie. Le palais des ducs qui donnent le nom à la ville, est vaste et curieux par l'antiquité de son architecture.

Je trouvai un gîte exécrable à la Venta où je passai une mauvaise nuit. Le lendemain je dînai à Medina del Campo, ville considérable, et qui est située au commencement de ces plaines immenses et couvertes de blé, principale richesse de la Castille. En quittant les montagnes de Galice, après Mandinela, j'avois aussi quitté les bois; et dans les quatre jours qu'on emploie à traverser les plaines immenses qui séparent les montagnes de Galice de celles de Guarama, qui couvrent Madrid du côté du Nord, on ne trouve pas un arbre pour s'abriter d'un soleil brûlant.

La journée qui précède celle de l'arrivée à Madrid, on arrive très-tard dans une de ces auberges bâties aux frais du gouvernement sous le ministère du comte de Florida-Blanca. Cette hôtellerie loin de toute habitation est cependant abondamment fournie de tout ce qui est nécessaire à la vie; on s'y ressent de l'approche de la capitale. Nous la quittâmes deux heures avant le jour, et nous arrivâmes avec l'aurore au bas de la montagne de Guarama, où l'on retrouve la grande route.

Au sommet de la montagne, à la droite et à la gauche du chemin, s'élèvent deux colonnes en marbre : elles supportent deux lions emblèmes de l'Espagne; ils sont de grandeur colossale, et leur attitude est aussi fière qu'imposante; une griffe posée sur un globe, leur regard tourné vers Madrid que l'on aperçoit dans le lointain, ils désignent au voyageur la capitale des Etats d'un souverain dont les possessions embrassent le globe entier.

Cette allusion paraîtra peut-être gigantesque au voyageur qui arrive jusqu'au sommet de la Guarama, avec les préjugés ridicules qu'il aura pris contre l'Espagne. Ignorant ou oubliant le règne de Charles-Quint, il se permettra, sans doute, le sourire du sarcasme; moi je trouve beau et même politique de rappeler à un peuple vraiment grand, le rang qu'il a occupé dans des temps reculés, de lui présenter sans cesse sa situation passée; et si quelquefois elle lui montre trop à découvert la décroissance de ses forces; ce moyen puissant encore en politique, et vis-à-vis d'un peuple sur-tout, qui a l'orgueil de la gloire de son pays, est susceptible de le reporter à cet élan dont tôt ou tard le gouvernement espagnol profitera pour reprendre non-seulement cette indépendance, mais peut-être même cette prépondérance, surtout maritime, à laquelle elle est appelée par sa situation géographique, par la fidélité, l'esprit national qui distingue les peuples qu'il gouverne, et par un motif plus déterminant encore, sa propre dignité.

En approchant de la capitale d'un grand

empire, on éprouve généralement une impression relative aux peuples qui l'habitent, au rôle qu'ont joué leurs ancêtres, à celui qu'ils jouent, et à celui enfin que doivent jouer leurs descendans. L'histoire entière de cette nation se présente à la mémoire du voyageur, et détermine des sentimens d'admiration ou des réflexions pénibles sur le caractère de l'homme, sur les passions qui le dominent et qui influent si souvent sur sa conduite politique, lorsqu'il tient les rênes d'un gouvernement.

Le voyageur qui abordera en Angleterre, doit arriver à Londres par la route du sud. Parvenu au sommet de la montagne de *Black-Heath*, si l'horizon est peu chargé, il embrassera d'un coup-d'œil toute l'étendue de cette immense capitale. La Tamise lui paroîtra trop étroite pour le nombre de bâtimens qui se croisent sur ses flots : à la diversité de leurs pavillons, il croira voir la capitale, non de la Grande-Bretagne seulement, mais du monde entier. Se transportant au-delà du règne d'Elisabeth, il verra ces Anglais toujours fiers, maintenant si riches et si prépondérans, alors tributaires des villes anséatiques, ignorant le commerce, et ne connoistant que les troubles intérieurs, les guerres civiles et les exploits militaires alors étonnans. — Qui les a sauvés au milieu de ces divisions intestines? Qui a soutenu intacte, au milieu des dissentions sanglantes entre les Lancastre et les Yorck, cette constitution *palladium* de la liberté anglaise, que le crime même a respecté sous Cromwel? — Qui, après tant de sang, après tant de malheurs a réuni tous les partis, a confondu les intérêts des peuples avec ceux du souverain, et par cette mixtion a créé une puissance forte et trop prépondérante ? — L'esprit national, l'amour de son pays, amour unique et exclusif chez un Anglais dont on ne peut calculer les résultats?

Le voyageur qui arrive à Saint-Pétersbourg ne voit rien dans cette capitale qui porte l'empreinte des siècles; mais le génie du czar Pierre plane sur un vaste empire, et en déchirant quelques feuilles de la vie de Catherine, il reste de grandes vues, des vues utiles à ses peuples, et qui leur préparent un rang distingué dans la politique de l'Europe, rang auquel ils doivent prétendre en se rapprochant du système général des nations.

A Berlin, c'est Frédéric dont les talens

plus que la force, fondèrent un royaume aux dépens de l'ineptie et de la foiblesse : mais le génie de Frédéric est mort, et le reflet de sa gloire s'est dissipée graduellement.

A Vienne, nous verrons Marie, l'immortelle Marie-Thérèse quittant sa capitale, il est vrai, mais pour parcourir les rangs des Hongrois, et promener, parmi ces braves et fidèles sujets, leur roi encore enfant. Le cri : *moriamur pro reginâ nostrâ*, retentira jusqu'au fond de notre ame ; et nous demanderons à François II : étoient-ils tous morts ces Hongrois naguère si habitués à la victoire? (1)

---

(1) Quelques mauvais esprits interprèteront peut-être cet appel d'une manière peu favorable à l'esprit national qui doit animer un Français. Je leur répondrai d'abord, qu'un écrivain qui veut juger impartialement et sainement, doit se défaire momentanément des intérêts de son pays, pour les soutenir ensuite avec énergie lorsque l'occasion s'en présente. Il doit s'identifier avec les intérêts des peuples qu'il se permet de juger : il doit les observer, les combiner sans passions et sans préjugés; et puis présenter ses résultats, qu'il est permis à chacun de juger à son tour. Il me semble que l'observateur qui arrive à Vienne, à Berlin, à Londres, à Madrid ou à Constantinople,

A Rome, le Capitole arrêtera nos regards, nous verrons César, nous croirons entendre Cicéron. A cette prépondérance de courage et de génie, nous verrons succéder cette puissance d'opinion qui donnoit aux papes le droit de disposer des couronnes; droit contre lequel n'osèrent s'élever deux grands souverains, Saint-Louis et Ferdinand, qui devançoient cependant les lumières de leur siècle, mais qui furent obligés de sacrifier aux préjugés du temps, en ne s'opposant point à l'usurpation de pouvoir que s'arrogea Innocent IV, lorsqu'au concile de Lyon, en 1245, il déposséda l'empereur Frédéric II, né de la maison de Souabe. Nous verrons enfin les lumières s'accroître progressivement; et cette puissance jusqu'alors illimitée, même au temporel, restreinte à une influence religieuse,

---

et qui ne se fait pas Allemand, Prussien, Anglais, Espagnol ou Ottoman, jugera toujours mal, et ne rapportera dans sa patrie aucun fruit de ses voyages, aucune lumière dont le public puisse profiter. J'observerai ensuite qu'en poussant la guerre à outrance, l'empereur François n'auroit fait que préparer de nouveaux lauriers à l'armée française. Il a donc agi plus sagement en se livrant à la discrétion du vainqueur.

à une influence morale qui n'agit plus que sur notre bonheur intérieur, et sur notre félicité à venir : les paroles de paix sortiront enfin des mêmes tribunaux qui lançoient ces édits de croisades contre les princes qui méconnoissoient l'autorité du Saint-Siége, et ne vouloient pas condescendre à ses vues ambitieuses.

A Paris, nous admirerons un peuple qui a su conserver cette vertu que César avoit reconnue chez les Gaulois, en disant d'eux : *Quibus nefas, more Gallorum, est, etiam in extremâ fortunâ, deserere patronos* (1). « C'est un crime, » chez les Gaulois, d'abandonner son maître, » en quelqu'extrémité qu'il se trouve. » Ce peuple, qui est à la fois volage, inconstant, facile à s'enthousiasmer, et d'une fidélité à toute épreuve, sous le chef qui dirige son courage; révolté et atroce sous celui qui l'égare; soumis, généreux et héroïque sous celui qui sait le gouverner; susceptible des plus grands sacrifices pour acquérir une prétendue liberté; se soumettant, sans murmure, à l'esclavage le plus humiliant, et passant rapidement de l'en-

(1) Pag. 343, vol. Ier. *C. J. Cæsaris Commentarii.*

thousiasme

thousiasme républicain, à l'ivresse pour un gouvernement monarchique.

En découvrant Madrid, ma pensée rétrogradant de deux siècles seulement, me porta au temps où Philippe III reçut en héritage de ses pères, des domaines immenses, qui soumettoient aux monarques espagnols la majeure partie du monde, et avoient porté Charles V et Philippe II à aspirer à la monarchie universelle. Voilà donc, me disois-je, la capitale de cette monarchie qui s'étend sur tout le globe ! Mais après un court abandon d'admiration pour les vastes projets conçus et exécutés en partie par deux grands souverains, que sont devenues, me demandois-je, ces cartes qui, en Europe, marquoient de la couleur espagnole l'empire d'Allemagne, les couronnes d'Aragon, de Castille, de Navarre, les royaumes de Naples et de Sicile, celui de Portugal, le duché de Milan, la Franche-Comté, les Pays-Bas; — en Afrique, Tunis, Oran, le Cap-Vert, les îles Canaries; — en Asie, les îles de la Sonde, les Philippines, les Moluques; — en Amérique, le Pérou, le Chili, le Mexique, la Nouvelle-Espagne, l'île de Cuba ? Où est cet édit de Philippe III, qui porte ces mots, preuves si manifestes de la puissance d'un souverain : « J'interdis à tous les étran-» gers tout commerce dans l'Inde et dans les » autres contrées d'outre-mer? »—En Europe, une partie de ces possessions sont devenues l'apanage de princes étrangers; — en Asie, en Afrique et en Amérique, le pavillon espagnol flotte encore.

Les Anglais, combinant depuis long-temps l'anéantissement du pouvoir des Espagnols dans le continent américain, étoient dernièrement parvenus à surprendre la ville de Buenos-Ayres. Dans le même moment ils stipendioient un révolté qu'ils n'osoient cependant avouer, mais auquel ils fournissoient les moyens d'insurger la province de Venezuela, et d'insulter la côte de Caracas. Déjà ils voyoient le chemin du Pérou ouvert à l'extension de leur commerce, et les mines du Potosi étoient l'appât de leur rapacité. De tous les ports de la Grande-Bretagne partoient des convois nombreux, chargés de jeter dans la colonie conquise, les objets de manufacture anglaise, prohibés par le gouvernement espagnol. Mais un moment a suffi pour anéantir toutes leurs espérances à ce sujet : la bravoure du capitaine de vaisseau don Francisco de Liniers a effacé la honte du général qui n'a pas su défendre Buenos-Ayres. Cette ville a été reprise, l'armée anglaise détruite ou prisonnière; et Miranda, après avoir jeté quelques bandits à la plage de Coro, a été obligé de fuir pour éviter l'exécution de la sentence de mort portée contre lui par le capitaine-général de la province de Venezuela. Toute chance est donc enlevée aux Anglais sur le territoire espagnol dans les Amériques; mais le passage ci-dessus cité de l'édit du 28 novembre 1606, est devenu le principe, et on peut dire le droit de cette nation rivale.

La perspective de la décadence, soit physique, soit morale, porte naturellement l'homme à des réflexions pénibles. Tout lui rappelle le grand principe de la nature, chaque empreinte du temps le fait également souvenir que chaque jour produit sur son être une décroissance progressive; et cet effet général qui s'étend et se subdivise sur tout ce qui existe, identifie l'observateur avec le grand mouvement des choses terrestres, et le porte, par un sentiment qui lui est personnel, à compatir autant à la décrépitude de son semblable, qu'à l'affoiblissement des ressorts politiques d'un Etat. Absorbé par le développement de cette idée, sans trop m'occuper des moyens que peut avoir un Etat pour rendre nul cet effet de la nature, pour se rajeunir et reprendre la force et la vigueur de la jeunesse, soutenue et appuyée de l'expérience de l'âge, j'arrivai sur les bords du Manzanarès, et je ne sortis de mes réflexions que par la vue riante de la Floride ; promenade délicieuse qui suit le cours de la rivière, et au bout de laquelle on trouve le superbe pont de Ségovie, qu'il faut passer pour entrer dans Madrid.

Précis de la Défense des frontières du Guipuscoa et de la Navarre, par le général Don Ventura Caro, en 1793 et 1794.

Après avoir parlé du Guipuscoa et de la Biscaye, je suis malgré moi forcé de rappeler une époque qui laisse des souvenirs si cruels pour l'humanité ; époque qui se lie à l'histoire de toutes les nations, soit par l'influence plus ou moins grande qu'elle a exercée sur elles, et les résultats qu'elle a amenés, soit par cet aveuglément extraordinaire ; et on pourroit dire coupable s'il étoit l'effet d'un calcul qui, s'emparant de quelques souverains, les porta à s'armer contre la France, non pour détruire dès sa naissance l'hydre qui les menaçoit tous d'une destruction prochaine, mais pour partager les dépouilles d'un royaume dont ils envioient la splendeur et les richesses. Au lieu de faire la guerre à l'anarchie, des monarques insensés combattirent les Français : et ils trouvèrent des ennemis dans ces mêmes hommes qui leur eussent tendu les bras, si au lieu de conquérans avides, ils avoient vu arriver des libérateurs, nobles, généreux et désintéressés.

L'Espagne seule, persuadée que le bonheur de l'Europe tenoit au rétablissement de la royauté en France ; convaincue que les souverains devoient être solidaires les uns pour les autres de la soumission de leurs sujets ; fidelle à son pacte d'union, s'efforça d'abord de sauver les jours d'un monarque de son sang ; mais malgré tout ce qu'elle fit à ce sujet, n'ayant pu empêcher l'horrible attentat du 21 janvier, cette puissance s'unit aux souverains dont elle croyoit les intentions aussi pures que les siennes : elle prit les armes ; et la guerre qu'elle fit à la révolution, fut une guerre franche, motivée sur des bases d'équité et de justice.

Tandis que le drapeau impérial d'Autriche flottoit sur les bastions de Condé et de Valenciennes, Charles IV prenoit possession du Roussillon au nom d'un roi enfant et malheureux : il y rétablissoit les autorités anciennes, et usoit de toute son influence pour faire reconnoître le roi très-chrétien dans une de nos villes, dont les habitans avoient appelé les alliés, non pour se rendre leurs sujets, mais pour en obtenir les secours que réclamoit leur loyauté. En vain cependant le roi d'Espagne voulut-il rappeler le roi de la Grande-Bretagne au grand principe d'équité, et même d'intérêt : la jalousie, le machiavélisme armoit l'Angleterre ; et si l'oriflamme de Henri IV fut un moment arboré à Toulon, ce ne fut que pour couvrir les projets destructifs que l'amiral Hood, par ordre de son gouvernement, combinoit depuis son entrée dans ce port.

La mésintelligence se manifesta bientôt parmi les généraux des troupes combinées ; et la mauvaise foi des Anglais contrecarroit toutes leurs opérations. Charles IV, instruit de la conduite de ses alliés, ordonna le prompt départ de forces assez considérables pour acquérir une prépondérance qui le mît à même de remplir les vœux des Toulonais ; vœux qui coïncidoient si bien avec les siens. Déjà l'embarquement des troupes qu'on tiroit de l'armée du Roussillon s'effectuoit, lorsque les Anglais, craignant la prépondérance qu'alloit acquérir le monarque espagnol, décidèrent l'évacuation de la ville qu'ils avoient pris sous leur protection, et proposèrent l'incendie des arsenaux et la destruction de la flotte française. Les Espagnols rejetèrent avec indignation une proposition aussi déloyale; mais, ne pouvant tenir avec ce qu'il y avoit de Napolitains et de Sardes, contre les forces que la république employoit à la reprise de cette place, ils furent obligés de consentir à une retraite qu'ils regardèrent comme honteuse et déshonorante : se refusant aux projets incendiaires proposés, ils offrirent d'emmener les vaisseaux français, et de les mettre en dépôt jusqu'à la paix, dans un des ports de l'allié naturel de la France. Cette proposition étoit trop conforme aux principes d'honneur pour être acceptée. Les Anglais brûlèrent les vaisseaux désarmés qui étoient dans le grand rang; ils emmenèrent ceux qui étoient armés. Les Espagnols préservèrent les vaisseaux qui étoient dans le petit rang, et reçurent à leur bord les infortunés que les Anglais refusoient de sauver après les avoir mis cependant dans la position de n'avoir que la mort à attendre de la part d'un gouvernement qui ne savoit pas pardonner.

Ces traits de déloyauté et d'inhumanité augmentèrent la haine que les Espagnols avoient conçue pour les Anglais. Les deux escadres sortirent divisées d'opinion; et Charles IV, voyant chaque jour s'accumuler les preuves que ses alliés n'avoient d'autre but que l'anéantissement de la France, et non le rétablissement de la royauté dans ce malheureux pays, ne voulut pas avoir à se reprocher d'avoir participé à un désastre si contraire à ses vues et à ses intérêts. La paix fut conclue avec la France ; et autant l'Espagne mit d'énergie à défendre en 1792, 93, 94, et partie de 95, la cause des rois, autant depuis elle a mis de fidélité à remplir les engagemens qu'elle a contractés par le traité de Bâle.

Mais, arrivons aux faits principaux de cette guerre, qui concernent la défense des frontières du Guipuscoa et de la Navarre. Les opérations qui tiennent à la campagne de 1793, dans le Roussillon, seront à la suite de cet ouvrage : les campagnes de 94 et 95 en Catalogne feront partie des aperçus sur cette province, lorsque j'en parlerai. Habitué à des opérations d'armées nombreuses, accoutumé à voir sur le même terrain des lignes de cent mille hommes se disputer la victoire, on trouvera minutieux, peut-être même ridicule de parler des actions de petits corps de quatre à six mille hommes. Mais qu'on se transporte en idée sur les lieux, qui ne permettent point le développement de forces trop considérables ; qu'on se rappelle que Turenne, trop modeste sans doute, eût cru être embarrassé d'une armée de plus de trente mille hommes ; et sur-tout qu'on se persuade qu'il y a autant, et peut-être plus encore de courage à braver la mort dans un combat singulier qu'en ligne avec cent mille hommes.

Il paroît que le plan de la cour d'Espagne fut de former deux armées qui devoient être sur la défensive, tandis qu'une troisième agiroit offensivement. Le Roussillon présentoit une frontière garnie de places et de forts qui pouvoient retarder la marche de l'armée, et donner le temps aux ennemis de rassembler des forces suffisantes pour s'opposer à une invasion, si on tentoit l'offensive de ce côté. Si on y restoit sur la défensive, ces places et ces forts servoient de seconde ligne à l'ennemi, qui auroit pris l'offensive avec un espoir fondé de succès, puisqu'il auroit eu les derrières de son armée bien assurés. S'emparant de la ligne des Pyrénées et des places maritimes de Collioure et Port-Vendre, les Espagnols forçoient Perpignan à se rendre dès qu'ils auroient balayé la plaine, et occupé les passages de Salces et d'Estagèles, seuls débouchés du Roussillon sur le Languedoc. Maîtres de tout le Roussillon, ils l'eussent été aussi de pousser leurs conquêtes dans le Languedoc, étant appuyés aux montagnes des Corbières, qui se lient aux Pyrénées, et à la mer. En cas de défaite, la ligne des Pyrénées devenoit non-seulement leur point de retraite, mais une barrière contre l'armée conquérante.

Le Labour offroit une frontière entièrement dégarnie : car Château-Pignon, Saint-Jean-Pied-de-Port, ne peuvent arrêter une armée, et la citadelle de Bayonne n'est pas tenable contre une simple division qui a passé l'Adour. Par un mouvement précipité, les Espagnols pouvoient donc arriver jusqu'à la Garonne sans trouver de grands empêchemens; et ils eussent occupé une étendue considérable d'un pays fertile et abondant. En calculant les chances malheureuses de la guerre, une retraite eût été, il est vrai, dangereuse et difficile pour l'armée envahissante, si le Béarn n'eût pas été occupé par une de leurs armées.

Ne pouvant prendre l'offensive sur tous les points, la cour la décida sur le Roussillon, comme présentant plus d'avantages à tout événement. Le commandement de l'armée qui devoit agir dans cette partie, fut confié au lieutenant-général don Antonio Ricardo

L'armée défensive du Guipuscoa et de la Navarre fut donnée au lieutenant-général don Ventura Caro; et la défense des passages des Pyrénées qui couvrent l'Aragon, fut confiée au lieutenant-général prince de Castel-Franco, colonel des gardes wallonnes.

Don Ventura Caro n'avoit que 22,000 hommes, dont 8,000 seulement de troupes de ligne, pour couvrir 32 lieues de frontières, depuis Fontarabie jusqu'aux confins de la Navarre et de l'Aragon. Contraint par les localités de disséminer ses troupes pour garder les défilés et les passages accessibles des montagnes, il voulut raccourcir sa ligne de défense en établissant sa gauche sur la corde de l'arc que forme la frontière du Guipuscoa. Pour l'exécution de ce projet, il vouloit occuper et retrancher les hauteurs qui dominent Saint-Jean-de-Luz, entre Horogne et Sibourre, et qui aboutissent à la montagne appelée la Rhune. Cette montagne fait partie des Pyrénées, qui de ce point vont en ligne droite sur l'Aragon, en couvrant la vallée de Bastan et la Navarre. Par ce moyen, don Ventura eût présenté à l'ennemi une ligne qui, partant des hauteurs d'Horogne et appuyée par sa gauche à la mer, eût abouti à Château-

Pignon, fort qui défend les défilés, qui communiquent de la Navarre avec la France, en passant par Roncevaux, et qui eût appuyé la droite de sa ligne, dont le centre eût été à Zugarramurdi et Urdach, postes couvrant la vallée de Bastan. La gauche de l'armée eût alors vécu sur le territoire ennemi, et les hauteurs qui couvrent la Bidassoa fussent devenues une seconde ligne et un point d'appui en cas de retraite. Il paroit que ce plan ne fut pas adopté par la cour, et que don Ventura eut ordre de se tenir sur le territoire espagnol.

Don Ventura Caro dut donc abandonner son plan de défense, et exécuter à la lettre les intentions de son souverain : il falloit empêcher l'approche de la Bidassoa; et la première opération dut être de détruire le fort d'Hendaye, sur la rive droite de la rivière, en face de Fontarabie, et sous le feu de cette place. Les dispositions furent prises en conséquence : des batteries furent établies sur la rive gauche de la rivière, de manière à battre un des côtés du fort opposé à celui qui étoit sous le canon de Fontarabie; et le 31 mai 1793, le chemin couvert, la contrescarpe, la galerie intérieure et les parapets de la batterie haute étant démolis par le feu des Espagnols, le fort se rendit, et fut immédiatement rasé. L'artillerie d'Hendaye consistoit en un canon de fer, du calibre de 30, cinq de 24, six de 18, et plusieurs mortiers de douze pouces. On trouva dans ce fort une grande quantité de boulets, bombes, balles, grenades, poudres, et autres munitions ou effets de guerre.

Il convenoit aussi de déloger les Français du fort de Château-Pignon, afin d'y appuyer la droite de la ligne de défense, et de couvrir la Navarre, ainsi que nous l'avons dit. Don Ventura n'attendoit que la fonte des neiges pour l'exécution de ce projet. S'étant aperçu, le 6 de juin, que les neiges laissoient à découvert le sommet des montagnes, il résolut d'attaquer les positions retranchées qui couvrent Château-Pignon, et d'enlever ce fort.

Les Français, au nombre de quatre mille cinq cents, occupoient trois crêtes de montagnes; deux desquelles, couvertes de batteries défendues par des retranchemens palissadés, couvroient la troisième, surmontée par le fort de Château-Pignon. Cette position pouvoit être regardée comme inexpugnable; car les revers de ces trois pics, qui s'élèvent d'une base de montagnes escarpées, sont remplis de coupures ; et le seul sentier par lequel on pouvoit arriver aux retranchemens, est étroit, et sur le bord de ravins très-profonds. Rien ne put arrêter l'ardeur des quatre mille Espagnols employés dans cette affaire du 9 juin : leur courage augmentoit en raison des obstacles et des dangers qu'ils rencontroient à chaque pas. Après des efforts de bravoure incroyables pour ceux qui connoissent le terrain sur lequel on combattoit, ils enlevèrent le premier retranchement, dont la défense fut aussi héroïque que l'attaque. Les batteries qui couronnoient cette montagne, facilitèrent aux vainqueurs la prise du second pic : mais il restoit encore le fort de Château-Pignon, renforcé par les troupes chassées des deux premières positions. Encouragés par leurs succès, animés par la vue de leur général en chef, qui commandoit en personne, quoique atteint d'une attaque de goutte qui lui ôtoit l'usage de ses jambes (il s'étoit fait porter sur un brancard jusqu'aux pieds des retranchemens; il se fit mettre alors à cheval, et y resta exposé au feu de l'ennemi tant que dura l'action), les Espagnols escaladèrent la troisième montagne ; et après quatre heures du combat le plus opiniâtre, ils prirent d'assaut le fort; et poursuivirent les troupes, qui se sauvèrent jusque sur les hauteurs d'Orisson, gardées par un corps de réserve considérable, mais qui ne tint pas contre les troupes victorieuses. Le général français Le Gentier, qui commandoit ce corps, fut fait prisonnier; et les Espagnols campèrent sous les tentes des Français.

Cette action du 9 juin passera à la postérité, comme un des monumens authentiques qui attestent le courage des troupes espagnoles. Dignes descendans des soldats de Ferdinand et d'Isabelle, de ceux de Charles-Quint et de Philippe V, les soldats de Charles IV prouvèrent, au Château Pignon en Navarre, et à la même époque à Saint-Laurent de Cerda, à Arles, au pont de Ceret, à la bataille de Masdeu, à la prise de Bellegarde, à Thui, à Argelès, à Pontellas, à Canoes, à la bataille de Trullas en Roussillon, que la valeur est héréditaire chez eux, et qu'elle ne demande qu'à être bien dirigée. Les Français, dignes et justes appréciateurs du courage, ne purent se refuser à un mouvement d'admiration pour la conduite des Espagnols à l'affaire du Château-Pignon. Ils la manisfestèrent dans les papiers publics de cette époque; et certes, dans ce moment, le gouvernement français ne cherchoit pas à rehausser la gloire de ses ennemis.

Après avoir dégagé toute la frontière, don Ventura disposa ses postes de défense dans les montagnes, de manière à pouvoir communiquer entr'eux, autant que la nature du terrain le permettroit. Les défilés furent retranchés : la surprise d'un seul de ces postes eût été d'une importance majeure pour les ennemis qui, supérieurs en nombre, attaquoient journellement les Espagnols ; mais l'infatigable activité du général en chef étoit partagée par tous les généraux divisionnaires : ils veilloient avec soin sur les points qui leur étoient confiés, et ils les défendoient avec intrépidité.

Le général français, voyant que des attaques partielles ne suffisoient pas pour reprendre aux Espagnols leurs postes avancés qui étoient sur le territoire de la république, et qui couvroient leur ligne de défense, il résolut une attaque générale. En conséquence, dans la nuit de 22 juin, six mille huit cents hommes, sur cinq colonnes, se portèrent sur les postes espagnols qui étoient en avant de la Bidassoa, pendant qu'une forte division cherchoit à pénétrer dans la vallée de Valde-Roncal, qui divise la Navarre et l'Aragon, et qu'une autre division tentoit de forcer les passages qui conduisent à la vallée de Bastan.

Malgré la supériorité du nombre, les troupes qui attaquoient la gauche des Espagnols furent obligées de se retirer avec perte. La division qui vouloit pénétrer sur la droite, trouva les paysans de la vallée de Valde-Roncal, réunis aux troupes de ligne, et garnissant les postes de Navasques, Salazar, Lumbier, Sanguesa, Salvatiera, ainsi que le pont d'Isava. Ils occupoient aussi les hauteurs des Pyrénées. Maîtres du pic de Guinvalete, les Français commencèrent le feu sur les troupes et paysans qui gardoient le poste de Urdaite ou la Tapeza. L. commandant de ce poste, au lieu de répondre au feu des ennemis, résolut de les chasser du pic qu'ils occupoient : il prit avec lui les paysans de Roncal, qui faisoient partie de son détachement, laissa ses troupes de ligne à la défense du port (on appelle port, *puerto*, les passages des montagnes); et, malgré l'escarpement du Guinvalete et le feu soutenu des troupes qui y étoient postées, il parvint à les en déloger, et les poursuivit jusqu'au village de Santa-Engracia, qu'il eut beaucoup de peine à préserver de la fureur des Roncaliens, qui vouloient le détruire. Il leur permit seulement d'en enlever les troupeaux qu'ils y trouvèrent.

La division qui devoit pénétrer dans la vallée de Bastan ne fut pas plus heureuse que les deux autres. Conduits par les paysans de Saint-Etienne de Baygorri, village français situé en face d'Errazu, village espagnol, les Français prirent les sentiers détournés des montagnes pour arriver au col d'Ispey et aux postes placés en avant de l'hermitage de Saint-Grégoire. Favorisés par une nuit obscure et un temps pluvieux, les Français surprirent le poste du col d'Ispey ; mais ils en furent chassés presque aussitôt. Ils trouvèrent de la résistance sur les autres points, et ils se retirèrent. Après avoir été repoussés, ce jour-là, sur toute la ligne, ils se portèrent de nouveau sur la vallée de Bastan, qu'ils attaquèrent le 27, ainsi que les défilés qui conduisent à la vallée de Roncal ; quoique renforcés par des troupes fraîches, ils trouvèrent le même courage et la même résistance de la part des paysans. Dès la première alarme, ceux-ci se portèrent en masse au-devant de l'ennemi ; et les femmes même s'armèrent pour défendre les passages de leur vallée, qui fut encore préservée des horreurs de la guerre. Instruit du dévouement de ses braves sujets de la vallée de Valde-Roncal, le roi leur fit témoigner son parfait contentement, et les remercia de leur fidélité. Cette récompense, la plus flatteuse pour des sujets attachés à leur souverain, ne s'effacera jamais de la mémoire de ces paisibles cultivateurs, qu'une guerre juste métamorphosa en d'intrépides guerriers.

Le 5 juillet, don Ventura Caro fit jeter un pont sur la Bidassoa, en avant d'Yrun. Les Français voulurent s'y opposer; mais, repoussés au-delà de la montagne nommée de Louis XIV, les Espagnols occupèrent cette position jusqu'à ce que le pont fût achevé. Les Français s'y reportèrent dès qu'elle fut évacuée; mais le feu des lignes qui couvroient la rivière les força d'en déloger.

Il étoit d'un intérêt majeur pour les Français, d'empêcher la libre communication des lignes de la gauche de la position des Espagnols avec les postes qu'ils avoient poussés en avant de la Bidassoa; communication qui leur donnoit la facilité de se porter sur les postes d'Horogne et de Saint-Jean-de-Luz. Il falloit, pour cela, détruire le pont de la Bidassoa;

mais le jugeant inattaquable de front, étant sous le feu des batteries qui couronnoient les hauteurs de la rive gauche de la rivière, le général républicain se décida à attaquer les postes de flanc, en remontant la rivière. Le 13 juillet, une forte colonne de troupes de ligne, commandée par le brave la Tour-d'Auvergne, se porta sur le village de Biriatou.

Biriatou est situé sur une colline, qui est sur la rive droite de la Bidassoa, rivière qui sépare cette population française, du territoire espagnol. Maîtres de ce poste, les Français eussent détruit le pont qui présente toute sa longueur à un des revers de cette colline, dont l'accès n'est pas difficile en la prenant de front. Se fortifiant sur cette hauteur, ils eussent occupé le feu des batteries espagnoles de Saint-Charles, d'Arriamendieta et de Bidechabal, placées sur la rive gauche de la Bidassoa, et eussent pu par ce moyen tenter le passage de cette rivière.

Le poste de Biriatou étoit défendu par un détachement de troupes de ligne, et par la compagnie à pied des contrebandiers de la Sierra-Morena, amenés de leurs montagnes, par Ubeda leur chef, à la défense de la frontière. Les Français attaquent Biriatou avec l'acharnement du courage : parvenus deux fois au haut de la colline, deux fois ils en furent repoussés ; mais la Tour-d'Auvergne, à la tête de ses grenadiers, se précipita une troisième fois sur les Espagnols avec une telle intrépidité, que ceux-ci furent contraints de se retirer dans l'église du lieu, qui avoit été crénelée d'avance. Cette église devint aussitôt une fournaise ardente d'où jaillisoit la mort. En vain le premier grenadier français, suivi de ses braves, essaya-t-il, à diverses reprises, de s'emparer de ce retranchement : parvenu plusieurs fois jusqu'au pied de l'église, il trouva toujours le courage aux prises avec le courage ; et, trop foible pour pouvoir espérer de forcer à la retraite des gens déterminés, il se retira pour aller chercher des renforts. Le lendemain, à deux heures du matin, le brave la Tour revint à la charge avec des forces plus considérables que celles de la veille. Il fut soutenu par toute l'armée, qui, couronnant les hauteurs en face de la position des Espagnols, sembloit vouloir en venir à une attaque générale. Mais Biriatou avoit aussi été renforcé ; et la Tour-d'Auvergne fut de nouveau repoussé, sans que l'armée dont il faisoit partie prit part à l'action.

Don Ventura, voyant l'acharnement des Français à s'emparer de Biriatou, le fit fortifier. On y établit de fortes batteries; et le commandement de ce poste, qu'on appela depuis la Casa-Fuerte, fut confié au marquis de la Romana, neveu du général Caro. Ce militaire, jeune alors, défendit ce poste avec l'intrépidité qui lui est si naturelle. Les talens qu'il déploya dans cette occasion déterminèrent S. M. C. a le nommer général d'une division dans l'armée de Catalogne, après que don Ventura Caro fut rappelé de l'armée de Guipuscoa. Le marquis de la Romana s'est distingué pendant la campagne malheureuse de 1794, et celle de 1795, sous les ordres de don Joseph Urrutia. Depuis la paix, il s'est occupé de l'étude théorique de l'art de la guerre; et de nouvelles circonstances lui assigneroient certainement une place distinguée parmi les généraux célèbres de ce siècle.

Après les affaires des 13 et 14 juillet, sur la gauche de la position des Espagnols, les Français ne firent plus que des reconnoissances, et il n'y eut plus que quelques petits combats d'avant-postes. Les Espagnols étoient étonnés de cette tranquillité; lorsque, dans la nuit du 29 août, on aperçut des feux sur le prolongement des hauteurs qui dominent Hendaye, la Bidassoa et Biriatou. Au point du jour, l'attaque commença sur tous les points de la gauche de la ligne; et le principal effort des Français parut se diriger contre Biriatou, que don Ventura fit aussitôt renforcer par huit compagnies de grenadiers de ligne, et autant de grenadiers provinciaux : deux bataillons d'infanterie de ligne, et un régiment de cavalerie, furent en même temps postés au pont de Boga, pour empêcher les lignes d'Yrun d'être tournées, dans le cas où les Français forceroient le poste de Vera, centre de la ligne générale de défense, et point principal d'attaque, pour dépasser le flanc de la position d'Yrun.

Un feu vif et bien nourri se soutenoit depuis deux heures sur tout le prolongement de la ligne, lorsque don Ventura résolut de décider l'affaire en attaquant lui-même les ennemis. Ce mouvement fut exécuté avec cette ardeur que ce général savoit communiquer à ses troupes. Les Français furent culbutés et chassés de la hauteur nommée la Croix-des-Bouquets : ralliés, et revenant à la charge, ils forcèrent à leur tour les Espagnols d'abandonner le poste dont ils venoient de s'emparer; mais ceux-ci devoient encore ce jour-là rivaliser de courage avec leurs ennemis : renforcés par quatre pièces de campagne, ils revinrent encore à la charge; et après la défense la plus opiniâtre, les Français furent forcés d'abandonner, non-seulement la position de la Croix-des-Bouquets, mais toutes les hauteurs qu'ils occupoient avant l'action. Ayant reçu quelques renforts de cavalerie et d'infanterie, ils cherchèrent à reprendre cette position; mais les Espagnols s'y maintinrent.

Profitant de la victoire, don Ventura détacha le général Urrutia par la droite de la Rhune, pour inquiéter la retraite des Français : il lui enjoignit de brûler toutes les habitations qu'il trouveroit dans sa marche, afin de dégager le front de sa ligne de défense, et de priver les ennemis de ces abris pour les attaques qu'ils pourroient tenter dans la suite. Le marquis de la Romàna exécuta la même opération en suivant le grand chemin de Bayonne. Il poursuivit les Français jusqu'au bourg d'Horogne, et incendia toutes les maisons qu'il trouva sur son passage.

Battus le 29, sur la gauche des Espagnols,

les Français se portèrent sur la droite de la ligne de leurs ennemis, et cherchèrent à forcer les postes de Zugarramurdi et d'Urdach, sur la vallée de Bastan. Don Ventura, instruit de ce projet, avoit reconnu lui-même tous les postes de sa droite, et avoit envoyé des troupes dans la vallée d'Anoa, près de Zugarramurdi. Il avoit ordonné au lieutenant-général don Francisco Horcasitas, qui commandoit dans la vallée de Bastan, d'en renforcer les défilés: ce général fit en conséquence occuper le port de Maya, afin de pouvoir secourir Urdach, et protéger la retraite, dans le cas où elle deviendroit nécessaire. Les postes de Vera furent aussi renforcés par un bataillon de ligne et deux escadrons d'infanterie.

Toutes ces mesures étoient à peine prises, que le 7 septembre, à six heures du matin, les Français parurent au nombre de quatre mille hommes, et attaquèrent en même temps les postes d'Urdach et de Zugarramurdi : ne pouvant les forcer, ils se portèrent vers une hauteur défendue par quatre cents hommes, qu'ils obligèrent de se replier sur les postes avancés de Zugarramurdi. Ceux-ci, à l'approche des Français, se retirèrent derrière les retranchemens faits en avant du village. Pendant cinq heures, les Français se battirent en désespérés pour forcer ces retranchemens : leur cavalerie arriva jusqu'aux premières maisons de Zugarramurdi; mais le feu des troupes qui y étoient enfermées, la força à la retraite.

Voyant leur tentative inutile, les Français se retirèrent en bon ordre sur les hauteurs entre Sare et Saint-Pé, à une demi-lieue de Zugarramurdi. Don Joseph Urrutia, ayant été prévenu de l'attaque, s'étoit avancé de Vera pour tourner le flanc droit des ennemis; mais il arriva trop tard pour couper leur retraite : il ne put que l'inquiéter en les suivant jusqu'au pont sur la Nivelle, en avant de Saint-Pé. Voulant engager un combat, il mit le feu à quelques maisons; mais les Français restèrent en position, et Urrutia regagna Vera en couvrant les chemins de Sare et de Saint-Jean-de-Luz. Il arrivoit dans ses lignes lorsqu'il apprit que ses avant-postes étoient attaqués : il fit aussitôt renforcer les retranchemens du roc nommé le Commissaire, poste important qui couvroit Vera, sur le chemin direct de Saint-Jean-de-Luz ; et il marcha sur les Français, qui s'étoient déjà rendus maitres d'un bois de chêne sur le flanc dudit retranchement. Après une fusillade assez vive, les Français se retirèrent.

Pendant ces attaques sur la droite et sur le centre de la ligne espagnole, les Français tentèrent d'enlever aux Espagnols de la gauche la position qu'ils avoient prise, le 29 août, sur les hauteurs d'Horogne. Ils avoient déjà culbuté plusieurs postes, et attaquoient vivement depuis deux heures les retranchemens des batteries, lorsque don Ventura les ayant fait charger par de la cavalerie, ils furent contraints de battre en retraite. La nuit étoit déjà fort avancée lorsque les troupes qui avoient harcelé l'arrière-garde, rentrèrent dans leur camp.

Peu de temps après cette affaire, les Français ayant réuni des forces très-supérieures sur leur droite, forcèrent don Ventura Caro de rentrer dans ses lignes de la Bidassoa, couvertes par les retranchemens de Biriatou. Il n'y eut plus dès-lors que des tentatives partielles; et les Français adoptèrent le plan extraordinaire d'arriver sur la position des Espagnols comme on arrive devant une place de guerre. Leur droite occupoit les coteaux parallèles à la mer, qui règnent depuis Horogne jusqu'à la côte nommée la Croix-des-Bouquets. Ces coteaux étoient retranchés, à l'exception de la Croix-des-Bouquets, où ils établissoient leur avant-poste principal. Une batterie formée protégeoit la formation d'une nouvelle batterie, qui, à son tour, donnoit les moyens d'en avancer une autre. Ils seroient arrivés ainsi sur la position des Espagnols, si don Ventura n'avoit adopté le parti de sortir de ses retranchemens, et d'aller attaquer les assiégeans dès qu'ils avoient gagné du terrain. Il rentroit dans ses lignes aussitôt qu'il étoit parvenu à raser les batteries nouvellement construites.

Parmi ces sorties fréquentes de la gauche de la ligne espagnole, on doit remarquer celle du 2 février 1794. Les Français étoient enfin parvenus à avancer leurs batteries jusqu'à la hauteur de la Croix-des-Bouquets. Celle établie sur cette hauteur eût secondé, peut-être même assuré le succès de l'attaque qu'ils méditoient sur Biriatou. Le 2 février, les troupes espagnoles, sur trois colonnes, sortirent, à deux heures du matin, de leur ligne. La colonne du centre enleva, à la bayonnette, la batterie construite à la Croix-des-Bouquets; elle fut aussitôt rasée. La colonne de droite attaquoit les Français en avant de Biriatou, en s'alongeant sur la Rhune. Celle de gauche avoit tourné la montagne de Louis XIV, et, s'étendant jusque sur la plage, attaquoit par le flanc la forte batterie de droite de la position des Français, que battoit en front une batterie de pièces de 12 qu'on avoit établie sur la hauteur de la Croix-des-Bouquets dès qu'on en avoit eu chassé les ennemis.

La colonne de droite avoit fait plier les ennemis, qui s'étoient ralliés sous le feu des batteries des hauteurs d'Horogne; la colonne de gauche avançoit rapidement, et faisoit aussi plier les troupes répandues dans la petite plaine dominée par la batterie de droite des ennemis; du centre, de la cavalerie avoit filé sur le grand chemin de Saint-Jean-de-Luz pour couper la retraite des Français; on apercevoit des mouvemens qui annonçoient qu'ils alloient évacuer leur batterie de droite, dont ils retiroient déjà des pièces de gros calibre, lorsque don Ventura, satisfait des succès qu'il avoit obtenus, ordonna à ses troupes victorieuses de rentrer dans leurs lignes.

Cette affaire eût eu des résultats plus brillans et plus avantageux sans doute, si la coopération de la division de don Joseph Urrutia se fût faite à temps. Il avoit été ordonné à ce général de se porter de Vera directement sur Horogne, en passant par le Calvaire, qui est sur la gauche de la Rhune. Il faut croire que les mauvais chemins retardèrent sa marche; car il n'arriva qu'à midi en vue de l'ennemi. — Dix heures de retard font une grande différence dans les suites d'une attaque combinée! — Si la division de Vera eût attaqué en même temps que celle d'Yrun, d'après les succès de cette dernière, on peut présumer que la position des Français en avant de Saint-Jean-de-Luz eût été enlevée. Forcés de se retrancher derrière la Nivelle, il leur eût fallu de nouveaux combats et de grands avantages pour rechasser les Espagnols dans leur ligne; et l'époque funeste à ces derniers eût au moins été retardée.

Tout fut assez tranquille sur cette frontière jusqu'aux approches de l'été. Les Français recevoient des renforts considérables, et paroissoient ne vouloir rien entreprendre avant d'avoir réuni des forces suffisantes pour obtenir une victoire décisive. Don Ventura, au contraire, obtenoit avec peine quelques récrues, en trop petit nombre encore, pour recompléter ses régimens. Prévoyant les malheurs qui menaçoient ses frontières, il cherchoit à les prévenir, demandoit des troupes à la cour, et sollicitoit la province de Guipuscoa de lui fournir des hommes; mais, au lieu de conjurer l'orage prêt à éclater, l'assemblée générale de cette province sembloit vouloir l'attirer en opposant ses priviléges aux vives et pressantes sollicitations du général fidèle. Les besoins augmentoient journellement, et les moyens diminuoient. Don Ventura fut réduit à faire sortir des places toutes les troupes qui n'y étoient pas d'une nécessité absolue.

C'est dans la situation critique où se trouvoit l'armée espagnole, que don Ventura Caro fut rappelé. Son successeur au commandement de l'armée, le comte de Colomera, arriva pour être témoin des malheurs annoncés par le général qui emportoit la confiance et l'amour des troupes. Les Français avoient reçu des renforts; et ayant appris le départ de don Ventura, dont ils admiroient et craignoient les talens, ils profitèrent de ce moment d'incerti-

tude

tude qui règne dans une armée dès qu'on est change le chef. Le 2 d'août, ils attaquèrent en même temps les postes de Berdaritz, le col d'Ispey et celui de Maya, qui couvroient la vallée de Bastan. Ils portèrent des forces considérables sur la position de Commissary et de Vera, firent une fausse attaque en front, sur les lignes d'Yrun. Tous les postes attaqués furent enlevés, et la ligne étant coupée, la gauche de l'armée fut forcée d'évacuer Yrun en laissant dans les batteries toutes les pièces de gros calibre.

La position de Vera ne fut cependant enlevée qu'après une défense vigoureuse de la part des Espagnols. Cagigal, alors commandant de bataillon dans le régiment de Zamora, opposa une résistance opiniâtre à la colonne qui attaquoit le poste important du roc Commissary, et lui fit acheter cher l'enlèvement d'une batterie qui lui étoit confiée. Obligé enfin de céder au nombre, le brave commandant alloit être la victime de la fureur des forcenés, qui imaginoient que le courage étoit exclusif dans le cœur des Français, et prenoient Cagigal pour un de ces défenseurs du trône que la fidélité avoit amené hors de

France. Il eût péri, si un des officiers républicains, témoin de la bravoure de l'officier espagnol, ne l'eût enlevé des mains de ses soldats, et n'eût, par ce trait généreux, prouvé que, chez le Français sur-tout, le courage a des droits sacrés qui sont au-dessus de l'intolérance des opinions.

Les troupes qui formoient la gauche de l'armée, se retirèrent sur Oyarsum, pour y attendre la division venant de Vera. Dans leur retraite, les Espagnols donnèrent encore des marques de valeur. Le régiment de cavalerie de Farnèse fournit une belle charge dans les rues de Tolosa; mais la victoire étoit décidée en faveur des Français, et les troupes espagnoles se divisèrent à Tolosa pour couvrir la forteresse de Pancorvo et la place de Pampelune. Une division occupa Elosua, Bergara, et s'étendit sur la Deva, dont le passage fut défendu par de forts retranchemens: le général don Antonio Filanghiery prit position à Lecumberry, par où passe le grand chemin qui conduit à Pampelune; et le passage d'Arnitz fut défendu par de grands abatis d'arbres. Les Biscayens se levèrent alors pour défendre leur république: mais que peuvent des masses levées à la hâte, et après des défaites, contre des troupes victorieuses? Le système actuel de guerre est trop prompt pour qu'on puisse espérer quelques succès de ces mesures prises dans le trouble et dans la confusion. Quelques divisions de troupes de ligne, retranchées dans les défilés des montagnes de Biscaye, se défendirent avec intrépidité; mais le courage dut céder au courage et au nombre. Du côté de la Navarre, les Français faisoient peu de progrès: la vallée de Roncevaux étoit encore occupée par les Espagnols, et des renforts arrivoient à Pampelune. Cette place fut mise en état de défense, afin qu'elle pût tenir dans le cas où l'on seroit forcé de l'abandonner à ses propres forces.

Les Français attaquoient journellement les Espagnols dans les environs de Pampelune, et ils étoient partout repoussés. Dans une de ces affaires, le régiment d'Africa, de l'infanterie espagnole, et le régiment des milices de Thui, donnèrent un nouvel exemple qui prouve ce que peut la valeur contre le nombre. La gauche de l'armée espagnole, campée près d'Irrurzun, étoit appuyée au bois d'Ozquia, qu'on ne pouvoit tourner que par le col d'Ollareguy. Ce col étoit défendu par un bataillon de milices navarroises, et par la compagnie à pied d'Ubeda. Ces troupes étoient soutenues par deux bataillons du régiment d'Africa et le régiment de milices de Thui, qui étoient postés sur le revers de la montagne. Les français attaquèrent : ils enlevèrent le sommet du col sans y trouver beaucoup de résistance; mais ils furent arrêtés par les bataillons d'Africa et des milices de Thui. A un feu vif de mousqueterie succède un combat à l'arme blanche : jamais les deux partis n'avoient montré plus d'opiniâtreté et plus de courage. Le colonel d'Africa est tué, le lieutenant-colonel est blessé et pris : le major, blessé d'un coup de baïonnette, tue le grenadier qui l'a frappé. Les Espagnols cèdent un moment, en défendant le terrain pied à pied; mais apercevant des troupes de renfort qui leur arrivoient, ils veulent avoir à eux seuls tout l'honneur de la journée; et se précipitant sur leurs ennemis, ils les forcèrent de repasser le col, et en demeurèrent maîtres. L'armée espagnole dut, ce jour-là, à ces deux régimens de n'être pas forcée à une retraite. Le roi récompensa ces braves en leur donnant, pour marque distinctive, un écusson qu'ils portent sur l'avant-bras gauche, et qui désigne leur action d'éclat.

Cet événement glorieux pour le régiment d'Africa et pour les milices de Thui, fut le dernier remarquable dans cette armée, dont le commandement venoit d'être donné au prince de Castel-Franco, général en chef de l'armée d'Aragon. Le marquis de Saint-Simon avoit été appelé de Cadix, où il étoit avec sa légion, pour commander en second; mais la paix de Bâle empêcha l'exécution des plans que ces deux généraux avoient combinés pour reporter l'armée espagnole sur la Bidassoa. D'après les dispositions prises, il est à présumer que la division commandée par le général Moncey, qui étoit devant Pampelune, auroit été forcée de se retirer dans le camp retranché qu'on avoit établi à Hernani.

En terminant le précis de la défense du Guipuscoa, je dois revenir sur le général dont la gloire fera partie des fastes espagnols. J'ai parlé de la manière qu'employoient les troupes en guerre avec l'Espagne, pour forcer les lignes de la Bidassoa; et j'ai fait connoître le système défensif de don Ventura Caro pour garder la frontière nord-ouest de l'Espagne, qui fut préservée tant qu'il en conserva le commandement, quoiqu'il n'eût que vingt-deux mille hommes, dont huit mille seulement de troupes de ligne, à opposer à soixante-six bataillons de huit cent cinquante hommes chaque, quatre régimens de cavalerie; le tout formant une armée de cinquante-sept mille sept cents hommes, pourvus d'une nombreuse artillerie. Telle étoit la force de l'armée française à l'époque où elle envahit le Guipuscoa. Les ennemis de don Ventura blâmoient sa méthode de guerre, qu'ils appeloient *promenades militaires*. Ces frondeurs se promenoient tranquillement au Prado, à Madrid, et se permettoient de juger un général qui suppléoit, par son activité et ses talens, au petit nombre de troupes qu'il avoit pour défendre une ligne étendue de frontières. Sans ambition personnelle, don Ventura Caro n'étoit animé que par le desir de servir son roi et sa patrie : il méprisoit les courtisans : leur rôle étoit au-dessous de lui. Franc, loyal et brave, élevé dans les camps, c'est en affrontant la mort qu'il cherchoit à mériter les distinctions que ses antagonistes obtenoient à force de bassesse. Il est, en Espagne, comme partout ailleurs, de ces êtres qui s'imaginent détruire la nullité de leur existence en faisant passer au creuset de leur ineptie les opérations des hommes qui occupent l'opinion publique. Quel malheur pour la société que la réputation des personnes en place soit si souvent profanée par des êtres qui n'ont, pour la plupart, que la prépondérance de leur fortune ou celle de leur rang! Ces dépréciateurs du vrai mérite ont cependant vainement tenté de ternir la gloire de don Ventura Caro. S. M. C. a reconnu les services que ce général lui a rendus, et l'a nommé capitaine-général de ses armées (grade équivalent à celui de maréchal de France). Retiré dans ses terres, après avoir calmé la révolte qui eut lieu à Valence en 1801, il jouit de tous les honneurs militaires, qui sont le prix du sang qu'il a versé pour son roi. Il est entouré de la considération, de l'estime publique; et, ce qui est plus que tout cela encore, il jouit d'une conscience à l'abri de tout reproche.

PRÉCIS DE LA CAMPAGNE DE 1793, EN ROUSSILLON.

NOUS avons fait connoître le système défensif de don Ventura Caro pour préserver le Guipuscoa et la Navarre d'une invasion; nous allons parler maintenant des succès que don Antonio Ricardos obtenoit, à la même époque, dans le Roussillon : autant ces succès furent brillans, autant l'armée qu'il commandoit fut malheureuse sous le général comte de la Union, qui le remplaça après sa mort et celle du comte O'Reilly. Si nous ne parlons, dans ce volume, que de la gloire des Espagnols; dans celui qui traitera de la Catalogne, nous ferons connoître les causes des défaites qui eurent lieu dans les campagnes de 1794 et 95 : si nous trouvons alors qu'elles aient été amenées par des fautes de combinaisons militaires, nous accuserons peut-être des généraux; mais nous verrons aussi que le courage des Espagnols a été partout le même, et nous gémirons avec eux de ce qu'on n'a pas toujours su le bien diriger.

Avant de donner le précis des opérations de l'armée espagnole sous les ordres du lieutenant-général don Antonio Ricardos, il est à propos de tracer une esquisse de la frontière de la France dans la partie orientale des Pyrénées. En consultant la carte géographique, on verra les difficultés qui se présentoient pour l'exécution d'un plan d'envahissement; et, nonobstant ces obstacles, le résultat a prouvé qu'on peut aussi, avec des Espagnols, entreprendre des opérations militaires hardies: opérations dont le succès dépend entièrement du courage des troupes et des talens du général qui les commande.

Le seul point de communication de l'Espagne avec la France, praticable pour une armée avec son artillerie, est par le grand chemin qui passe sous le feu du fort de Bellegarde, qui commande et défend le défilé par lequel on y arrive. Du centre d'une des gorges des Pyrénées s'élève un mamelon qui décline, du nord-ouest au sud-ouest, jusqu'à la plaine du Lampourdan, qui est terminée, dans cette direction, par la citadelle de Santo-Fernando, communément appelée de Figueras, à quatre lieues, et en vue de Bellegarde.

Ce revers de la montagne, que couronne le fort de Bellegarde, est coupé par des ravins profonds et difficiles à passer. A l'est du fort, est le col de Perthus, encaissé entre la montagne que couronne le fort, et la montagne d'Alberes : c'est dans cet encaissement que passe le grand chemin. A l'ouest est le col de Panisas, qui est terminé par la montagne de Saint-Julien, qu'on nomme aussi le col de Portell. Ces deux cols, ou passages, sont dominés par les batteries du fort : le premier de soixante-huit toises, et le second de quarante-neuf.

La situation du fort de Bellegarde est d'autant plus belle, qu'on ne peut l'attaquer d'aucun des côtés de l'Espagne. Dans la supposition même qu'on auroit vaincu les difficultés sans nombre qui se présentent pour s'emparer des ouvrages avancés, et qu'on seroit parvenu à les enlever, on ne pourroit s'y établir, ces ouvrages étant sous un feu croisé des batteries du corps de la place.

A l'est de Bellegarde, les Pyrénées se prolongent jusqu'à la Méditerranée, en couvrant la plaine du Lampourdan, qui appartient à l'Espagne. Le seul passage praticable, dans cette partie, est par le col de Bagnols (1), dont les défilés sont défendus par le fort Saint-Elme, qui est en avant des places maritimes de Port-Vendres et de Coliouvre.

A l'ouest, est la grande chaîne des Pyrénées, que l'on ne peut franchir sans s'emparer des villes de Prats-de-Mollo, Arles, le fort des Bains, et Ceret, sur la rivière du Tech. Cette première ligne est appuyée, à l'ouest, par la forteresse de Mont-Louis, qui défend la Cerdagne française, et fait le sommet de l'angle que forment les deux lignes de défense du Roussillon: une desquelles est formée par la ligne que je viens de décrire, qui part de Port-Vendres, et aboutit à Mont-Louis, en passant par les places que j'ai nommées; et l'autre, qui commence à Perpignan, est formée par les places de Millas, Ille, Vincac, Prades, Villefranche et Mont-Louis, qui sont situées sur la rivière de Tet. Ces places (Port-Vendres, Coliouvre, Perpignan, Mont-Louis exceptées), ne sont pas, il est vrai, fortifiées régulièrement; elles sont ceintes de murailles,

(1) Les Français appellent *col* un passage dans les hautes montagnes, les Espagnols l'appellent *puerto*.

et on peut les considérer comme des postes avantageux et difficiles à enlever.

Don Antonio Ricardos n'avoit que trois mille cinq cents hommes de troupes de ligne lorsqu'il reçut l'ordre de commencer les hostilités contre la France. Il jugea qu'avec des forces aussi peu imposantes, il ne pouvoit suivre les règles ordinaires de la guerre, qui prescrivent à un général prudent de prendre ou de masquer toutes les places fortes qui sont sur sa ligne d'opération, afin de pouvoir se porter ensuite en avant sans crainte de surprise par ses flancs. Certain de recevoir des renforts, il crut devoir réunir toutes ses forces, forcer la frontière sur un seul point, la prendre à revers; par cette manœuvre hardie, jeter l'épouvante parmi ses ennemis; couper toute communication des frontières avec l'intérieur du pays, et mettre ainsi les places ou forts qui les couvrent dans la nécessité de se rendre, ou dans la certitude d'être pris par l'armée de renfort qui se rassembloit en Catalogne.

Pour exécuter son plan avec sécurité, et ne pas être inquiété sur ses flancs, don Antonio fit occuper les défilés à l'est de Bellegarde; et sur sa droite, par des milices de Catalogne, qu'on appelle *soumatens*. Le col de Bagnols fut particulièrement gardé : le maréchal de camp don Augustin Lancaster fut envoyé, avec un corps de la même milice, réuni à quelques détachemens de troupes de ligne, pour couvrir la gauche, et contenir les troupes qui étoient dans la Cerdagne française. tontes ces dispositions prises, le général Ricardos établit un poste assez considérable en avant de la Jonquère, pour couvrir Bellegarde ; et avec le surplus de son armée, il se jeta dans les Pyrénées, et entra dans le Walespir, en se dirigeant sur Saint-Laurent de Cerda, pour, de là, prendre à revers la première ligne de défense du Roussillon, dont nous avons donné la position. Le 17 avril, le poste de Saint-Laurent de Cerda fut enlevé par l'avant-garde aux ordres du maréchal de camp Escofet, malgré une vigoureuse résistance de la part des Français. Le lendemain, le général Escofet, renforcé par la division aux ordres du comte de la Union, attaqua, sur trois colonnes, les positions qui couvroient la ville d'Arles, et qui étoient défendues par des troupes de ligne : quoiqu'occupant une position avantageuse, elles prirent la fuite dès qu'elles virent les Espagnols passer à gué la rivière qui couvroit leur gauche, et qui étoit devenue un torrent rapide, occasionné par une fonte subite de neiges dans les Pyrénées. Quoique les forces des Espagnols fussent diminuées des troupes qu'il avoit fallu laisser à Saint-Laurent de Cerda, à Arles, et de celles destinées à contenir la garnison du château des Bains, qu'on avoit tourné et laissé sur la droite, le général en chef, calculant l'importance d'enlever la ville de Ceret, dont l'occupation étoit nécessaire a l'exécution de son plan, résolut de l'attaquer avant que les Français eussent pu porter toutes leurs forces sur ce point. Le 20 avril, avec moins de trois mille hommes, il s'avança vers Ceret, où il trouva trois mille Français en bataille entre la ville et le pont, et dans le prolongement du grand chemin. Le comte de la Union, major-général de l'armée, prit une position avantageuse sur des hauteurs, en face de la position ennemie; mais le combat étoit à peine commencé, que, malgré un feu de mitraille très-suivi, les Espagnols se précipitèrent dans les batteries ennemies, et mirent en fuite les Français, qui perdirent beaucoup de monde dans cette action : deux cents des leurs se noyèrent en traversant le Tet. Maître de Ceret, don Antonio Ricardos s'occupa de faire ouvrir un chemin par le col de Portell, afin de pouvoir faire arriver l'artillerie qui lui étoit si nécessaire pour conserver sa nouvelle position. On mit une telle activité dans cette entreprise, que trois jours et 2,000 hommes suffirent pour rendre le chemin praticable. Le général ayant reçu des renforts qui portèrent son armée à près de dix mille hommes, il se trouva en position de pousser ses conquêtes, et de chercher à pénétrer dans la plaine du Roussillon : mais il n'avoit pas encore assez de troupes ni d'artillerie pour entreprendre d'autres opérations. Il dut se contenter de bloquer les forts occupés par les ennemis, et de couper toutes leurs communications par la gauche.

Pendant qu'il obtenoit ces succès, don Augustin Lancaster avoit forcé le col de Rigard, et s'étoit emparé d'une partie de la Cerdagne française, en avant de Puycerda. Par cette opération, le flanc gauche de l'armée se trouvoit couvert.

Du moment que les Espagnols furent maîtres de Ceret, ils établirent une batterie au col de Portell, pour battre le fort de Bellegarde du côté de l'ouest; tandis qu'une batterie de mortiers, établie en avant de la Jonquère, occupoit la partie du côté de l'Espagne.

Les mauvais temps qui survinrent dans les premiers jours de mai, arrêtèrent don Antonio Ricardos, et l'empêchèrent de poursuivre la plan qu'il avoit formé, de dégager toute la première ligne de défense des Français, et de les attaquer dans les divers postes qu'ils occupoient en avant de Perpignan; mais eux avoient profité du repos de l'armée espagnole pour renforcer la position de Thuir: position qui leur étoit doublement avantageuse, en ce qu'elle couvroit les approches de Perpignan, et leur donnoit les moyens de secourir avec facilité le fort de la Garde, celui des Bains, ainsi que les villes d'Elne et d'Argelès, desquelles ils communiquoient avec les places de Coliouvre, Port-Vendres et Bellegarde. Don Antonio Ricardos détermina l'attaque de ces places; mais, pour s'en assurer le succès, il falloit forcer les Français d'évacuer la position de Thuir, et s'emparer ensuite des villes d'Elne et d'Argelès. Pour remplir le premier objet, il laissa

laissa un corps de troupes pour couvrir Perpignan; et ayant reçu des renforts, il partit, dans la nuit du 18 mai, avec douze mille hommes, et s'avança, en quatre colonnes, sur Thuir. Ayant appris, dès le commencement de sa marche, que les ennemis, au nombre de seize mille hommes, occupoient trois camps dans les environs de cette ville, il décida l'attaque de ces camps. A l'approche des Espagnols, les Français se formèrent sur trois colonnes, renforçant celle de leur droite, et ils manœuvrèrent comme s'ils vouloient eux-mêmes attaquer et dépasser le flanc gauche des Espagnols. Don Antonio ordonna aussitôt l'ordre de bataille inverse : cette manœuvre s'exécuta avec célérité. Le duc d'Ossuna se porta sur la droite avec la colonne qu'il commandoit, et qui étoit composée de quatre bataillons de gardes espagnoles, de la brigade des carabiniers, et d'un régiment de cavalerie, avec six pièces de campagne. Don Jean de Courten, avec la droite, tête de colonne, se porta rapidement sur la gauche avec trois bataillons de gardes wallones, six pièces de campagne, deux régimens de dragons et deux de cavalerie. Le centre, commandé par le lieutenant-général don Garceran de Vilalba, étoit composé de trois bataillons de grenadiers et chasseurs provinciaux, un bataillon irlandais, quatre pièces de 8, et deux de 4. A cinq heures du matin, l'artillerie commença à faire feu; mais la position de l'ennemi étant inattaquable de front, à cause des ravins très-profonds au-dessus desquels étoient placées ses batteries, le duc d'Ossuna eut ordre de tourner le village de Comte, afin de pouvoir attaquer celui de Mas-Deu, occupé par les Français. Le général Ricardos, à la tête de la cavalerie, se porta sur sa gauche, afin de tourner les batteries de la droite des ennemis; mais elles firent un feu si suivi et si violent, que ce général fut contraint, après une perte assez considérable, de renoncer à cette attaque. La cavalerie manœuvra alors en retraite; mais son premier mouvement ayant fait croire aux Français qu'on vouloit les tourner par les deux flancs, et ne pouvant eux-mêmes, à cause du terrain, attaquer le centre des Espagnols, il y eut de l'oscillation dans leur gauche. Le duc d'Ossuna s'en aperçut, et en général habile, il se jeta sur eux avec intrépidité, les fit plier, et pénétra dans leur camp. Pendant cette manœuvre, quatorze pièces de campagne espagnoles faisoient taire les batteries de la droite des Français, dont les troupes se formèrent en bataillon carré pour se retirer et éviter une attaque de la cavalerie, qui avançoit avec courage, quoiqu'arrivant par un défilé ouvert au feu d'une batterie. L'armée se battit en retraite, abandonnant ses trois camps, son artillerie et ses munitions : elle ne fut pas vivement poursuivie, manœuvrant sur un terrain très-coupé, et protégé par un bois occupé par une forte division. Les soldats espagnols étoient harassés de fatigue ; ils étoient depuis seize heures sous les armes, avoient fait cinq lieues avant l'attaque, et en avoient encore deux et demie à faire pour gagner le camp du Boulou, qui avoit été tracé avant la bataille, et où ils devoient trouver leurs rations. Malgré ces fatigues, les soldats s'attachèrent de bonne volonté aux pièces prises sur les Français, et qu'il auroit fallu abandonner, faute de mules pour les traîner. Après avoir pillé les camps français, mis le feu aux poudres et inutilisé les vivres, l'armée fut occuper le camp du Boulou; position qui devoit couvrir l'attaque des places de Bellegarde, de Coliouvre et de Port-Vendres.

En préparant tout ce qui étoit nécessaire pour l'attaque de ces places, don Antonio Ricardos cherchoit à s'assurer de tous les passages des Pyrénées en arrière de la gauche de sa position, pour faciliter ses communications avec la Catalogne. Voulant réunir ses troupes, dont une partie étoit occupée au blocus des forts qui tenoient encore, il ordonna d'en pousser vivement l'attaque. Le 3 de juin, après deux heures seulement d'une canonnade très-vive par une batterie de quatre pièces de 4, établie du côté d'Arles, et une du côté de Pelalda, de quatre pièces de 12 et deux obusiers, on fit sommer le commandant du fort des Bains de se rendre sous deux heures, sous peine de subir les lois de la guerre, s'il étoit pris de vive force. Voyant l'inutilité d'une défense qu'il ne pouvoit prolonger, il capitula, et sortit avec les honneurs de la guerre, à la tête des quatre cents hommes qui composoient la garnison : ils mirent bas les armes, et restèrent prisonniers.

Le même jour 3, on fit sommer le gouverneur de Bellegarde de se rendre, lui faisant connoître la position des Espagnols, qui lui coupoient toute communication avec l'armée française; et on lui proposa les honneurs de la guerre. Il répondit, que tant que les murs de la place qu'il commandoit seroient intacts, il étoit de son honneur de la défendre. Il demanda qu'on laissât sortir des femmes qui se trouvoient dans le fort : on le lui accorda en leur donnant des passeports pour Figueras.

Le 5, le fort de la Garde se rendit sur une simple sommation, et aux mêmes conditions que celui des Bains. Par la possession de ces deux forts, la conquête du haut Vallespir fut assurée; et cette partie de la frontière, ainsi que la ville de Campredon, furent couvertes. On pressoit toujours les approches de Bellegarde; et le 22, on établit à cinq cents toises de la forteresse, et en avant de la Jonquère, une nouvelle batterie de douze pièces de 24 et de quatre mortiers.

La bataille de Mas-Deu avoit jeté le désordre et la confusion dans Perpignan à un tel point, que les autorités s'étoient retirées à Narbonne, et avoient emporté les papiers du département. Des bastions de la ville on fit feu, à diverses reprises, sur les troupes françaises qui arrivoient de Mas-Deu, et que l'on prenoit pour des troupes espagnoles. La garnison de cette place sortit, et fut camper dans le camp retranché qui couvre la ville du côté de l'Espagne. Tous les corps français qui étoient à Thuir, Elne et autres endroits, se retirèrent sur Perpignan, abandonnant toute la plaine. Ils ne gardèrent que Port-Vendres, Coliouvre, Argelès, et quelques postes sur les bords de la mer, afin d'entretenir la communication ouverte entre ces places et la capitale. La terreur avoit si fort saisi les esprits, qu'un bataillon national de huit cents volontaires déclara qu'il ne vouloit plus servir contre les Espagnols : ce qui obligea le général Flers à le désarmer, et à le renvoyer ignominieusement dans l'intérieur.

Maître, depuis l'affaire de Mas-Deu, de la majeure partie du cours du Tech, le général Ricardos résolut de déposter les Français d'Argelès, et de s'y établir. Ce poste, situé à un quart de lieue de la mer, lui devenoit important, étant à la jonction des chemins de Coliouvre et de Perpignan, et pouvant, par-là, fermer toute communication du fort de Bellegarde avec la capitale de la province de Roussillon ; car il ne restoit plus que le côté de l'est des Pyrénées par lequel ce fort pouvoit, avec peine encore, recevoir des renforts ou des vivres. Les Français qui gardoient Argelès ne voulurent pas hasarder un combat ; et, avertis par une vigie de l'approche des Espagnols, ils évacuèrent cette ville si précipitamment, qu'on ne put faire que quelques prisonniers parmi les traîneurs de leur arrière-garde.

A peine don Joseph-Simon de Crespo avoit pris possession d'Argelès, qu'on vint lui annoncer que des forces ennemies descendoient des hauteurs de Coliouvre. Il se disposa à la défense, fit établir une batterie de quatre canons et deux obusiers, dans une position avantageuse en avant d'Argelès, et envoya à la rencontre des Français quatre compagnies de grenadiers et un détachement de dragons, avec ordre d'attirer, par une feinte retraite, l'ennemi dans une embuscade qu'il lui tendoit avec le reste des trois mille deux cents hommes qu'il avoit sous ses ordres. Le détachement, en arrivant près de l'ennemi, reçut une décharge de mousqueterie et le feu du fort Saint-Elme; mais, au lieu de battre en retraite, ainsi qu'il lui étoit ordonné, il tint ferme : les troupes françaises prirent la fuite, et furent suivies par ce seul détachement jusque sous les murs de Coliouvre. Le parti espagnol prit alors une position avantageuse; et ayant fait avertir Crespo de ce qui se passoit, ce général envoya un renfort pris sur les troupes qui étoient dans Argelès. Le général en chef ayant reçu des informations sur le nombre des troupes qui étoient dans Coliouvre, et sur la situation de la ville d'Argelès, il renforça la division du général Crespo d'un escadron de cavalerie, en lui ordonnant de rentrer dans la ville, et de s'y fortifier.

Le jour suivant, vingt-quatre mai, les habitans d'Argelès prêtèrent serment de fidélité au roi d'Espagne, et jurèrent de suivre la religion catholique, et de se soumettre à l'ancien gouvernement.

Par le rappel des détachemens qui avoient poursuivi les fuyards jusque sous les murs de Coliouvre, le gouverneur de cette ville se crut libre d'ennemis. Il fit sortir trois cents hommes, qui vinrent jusque dans la plaine d'Argelès;

mais ils furent repoussés par les troupes de l'avant-garde espagnole, et de nouveau obligés de se réfugier dans la place.

Maître du cours du Tech, don Antonio Ricardos voulut faire occuper les villes d'Elne et de Corneillas, afin de couvrir le siége des places de Coliouvre, Port-Vendres et Bellegarde, qu'il vouloit pousser avec vigueur, et de forcer à reddition le fort Saint-Elme, qui gênoit sa communication avec le Lampourdan, par le col de Bagnols. Voulant isoler totalement ces places, il ordonna qu'aussitôt l'occupation des villes d'Elne et de Corneillas, qu'on en désarmât les habitans, et qu'on leur enlevât mules, troupeaux, vivres et charettes, afin qu'ils ne pussent plus ravitailler Bellegarde.

Le duc d'Ossuna, avec quatre mille neuf cents hommes, exécuta cet ordre sans éprouver de résistance de la part des troupes françaises. Les habitans de ces villes furent désarmés; la municipalité brûla les décrets de l'assemblée nationale; et après avoir prêté serment de fidélité au roi d'Espagne, ils jurèrent de pratiquer la religion catholique, et de rétablir l'ancien gouvernement.

Le résultat principal de cette expédition fut d'amener au quartier-général espagnol cinq mille trois cent soixante-dix-sept têtes de moutons, cent soixante-dix vaches, quatorze chevaux, et trente charettes chargées de farines, et destinées au ravitaillement de Bellegarde.

Maître d'Elne et de Corneillas, le duc d'Ossuna fit reconnoître les forts qui sont sur le bord de la mer : ils se trouvèrent tous évacués.

L'attaque du château de Bellegarde se continuoit avec vigueur; mais les ingénieurs ayant reconnu que la batterie du col de Porteil ne faisoit pas assez d'effet, on la rapprocha de 400 toises. Quoique le fort des Bains fût au pouvoir des Espagnols, le village de ce nom, qui est au bas du fort, fournissoit des vivres au château de Bellegarde: ces vivres étoient escortés par un détachement qui sortoit toutes les nuits du château, et qui alloit au-devant du ravitaillement. Il fut ordonné aux troupes qui étoient à Montalba, de surprendre cedit détachement, et de brûler le village : ce qui fut exécuté le 27. Les Français, retirés sur le Tet, sentoient bien que le général espagnol ne pouvoit rien hasarder sur Perpignan tant qu'il auroit Bellegarde sur ses derrières. Ils cherchoient tous les moyens de le ravitailler ; mais les moyens de ruses étant déconcertés par l'incendie du village des Bains, ils essayèrent d'introduire de vive force les ravitaillemens dont le fort avoit besoin, par la partie du Conflans qui est à l'ouest du Roussillon. Pour couvrir leurs opérations, ils attirèrent l'attention des Espagnols sur leur droite, en portant des troupes du côté de la mer, et démontrèrent l'intention de reprendre les villes de Corneillas et d'Elne : tandis que le 29, à la pointe du jour, une colonne, forte de trois mille hommes, descendit du côté du Conflans, par le Pla-Guillen : elle escortoit trois cent cinquante paysans, portant chacun un sac contenant vingt-cinq livres de farine, et une bouteille d'eau-de-vie. Le colonel don Joseph Calva, qui commandoit le blocus du château de Prats-de-Mollo, fut au-devant de cette colonne avec trois cent cinquante hommes, laissant quelques détachemens pour garder la ville de Prats-de-Mollo, et contenir la garnison du château. Le feu commença, et se soutint depuis neuf heures du matin jusqu'à deux heures de l'après-midi ; heure à laquelle la colonne française battit en retraite, et se divisa, dans l'espoir de pouvoir introduire une partie du convoi pendant que les troupes seroient aux mains avec le peu d'Espagnols qui se trouvoient dans l'action. Le commandant, don Joseph Calva, s'étant aperçu de cette manœuvre, et en ayant deviné l'intention, fit aussitôt occuper les hauteurs del Cerro-Bernet, Granalas, et du col de Buix, qui couvrent la plaine de Molin, qui joint celle de Guillen. A quatre heures du soir, les Français débouchèrent, sur trois colonnes, dans la plaine de Molin, tandis qu'une autre colonne avançoit par la Cerro-Bernet; mais y ayant trouvé une vigoureuse résistance, ils se retirèrent sur les colonnes qui descendoient dans la plaine, en laissant un détachement dans les montagnes pour occuper le poste espagnol. Arrivés dans la plaine, les Français s'appuyèrent à la rivière; et, attaquant vivement les Espagnols, ils les forçoient déjà à battre en retraite, lorsqu'un renfort de paysans français, qui avoient pris parti pour les Espagnols, arriva par les montagnes, et prit en flanc les troupes républicaines qui furent obligées de se retirer avec précipitation: étant vivement poursuivies, elles se jetèrent dans les montagnes, et en gagnèrent les sommets couverts de neige, qu'elles traversèrent pour arriver sur l'autre flanc, en se dirigeant sur Ville-Franche. La garnison de Bellegarde qui s'aperçut qu'une partie des troupes espagnoles qui la cernoient, s'étoit jetée dans la montagne pour poursuivre les Français, fit une sortie pour rétablir le conduit qui mène l'eau dans le fort, et qu'on avoit coupé dès le premier jour : opération presque inutile, puisqu'il existe dans la place six citernes capables de contenir soixante mille pieds cubes d'eau ; et un puits de cent quatre-vingt-quatorze pieds de profondeur sur vingt-un de diamètre, qu'entretient une source intarissable. Ce puits est couvert d'une voûte à l'abri de la bombe. Ce qui restoit du détachement, qui occupoit le poste du conduit des eaux, se défendit avec courage ; mais il eût été forcé de céder, s'il n'eût été renforcé par le détachement qui venoit d'être relevé, et qui, entendant le feu, revint sur ses pas, et accourut au secours. Les Français furent forcés de rentrer dans la place, laissant plusieurs morts et prisonniers.

Le 6 de juin, don Antonio Ricardos ayant

eu avis que le commandant de Perpignan rassembloit dans les villages de Sainte-Colombe et de Las-Orcas, une grande quantité de bestiaux pour en ravitailler Bellegarde, ordonna au général don Raphaël Adorno de s'en emparer : ce qui fut exécuté sans grande résistance. Les troupes ramenèrent au Boulou huit mille têtes de moutons. Dans cette expédition, la ville de Thuir remit ses clefs au général Adorno.

Don Antonio Ricardos, maître de la partie de la plaine du Roussillon qui est entre Perpignan et les Pyrénées, ayant résolu de terminer le siége de Bellegarde, ordonna de l'attaquer vigoureusement, et en même temps par trois côtés, en rapprochant de la place les batteries de la Jonquière, celle du col de Portell, et en en plaçant une nouvelle à deux cents toises de la place, dans le village du Perthus, situé au pied des fortifications du château. Don Jean-Manuel de Cagigal, chargé de cette opération, renforça les postes de blocus d'Escusa-Alta, de Saint-Jean de Alvera, et fit poster deux bataillons d'infanterie et deux régimens de cavalerie pour garder la plaine que traverse la Tech, qui coule au bas de la montagne sur laquelle est situé Bellegarde. La batterie du col de Portell avoit été avancée de quatre cents toises ; on jeta un pont en bois sur le Tech, pour faciliter le transport de la grosse artillerie ; et le 15 juin, à neuf heures du soir, on commença l'ouverture de la tranchée du côté du Perthus. Dans la nuit, on ouvrit une parallèle de quatre cents toises, revêtue en fascines et sacs à terre. Les ennemis ne s'étoient point aperçus de ce travail, en ayant été distraits par le feu bien nourri des batteries de la Jonquière, et de celle du col de Portell. Le 16, au matin, deux cents hommes sortirent de la place pour fourrager sous la protection du canon de la place; mais ayant trouvé des postes avancés dont ils n'avoient pas connoissance, ils rentrèrent dans le fort en essuyant un feu de mousqueterie très-vif, qui leur tua beaucoup de monde. Pendant cette sortie, les Français avoient découvert la tranchée ; et dès qu'ils furent rentrés, la place dirigea un feu de mortiers et de canons des plus vifs sur ce côté. Cela n'empêcha pas les travailleurs de continuer la nuit suivante, et de perfectionner la tranchée au point de pouvoir y travailler pendant le jour.

Le 17, on amena au général une femme que le commandant de Bellegarde envoyoit à Coliouvre et à Perpignan, pour donner un détail de l'état de la place, et demander des secours. Dans la nuit de ce même jour, on établit une batterie au bout d'une des parallèlesd e la tranchée du Perthus.

Le 18 le général fut averti qu'un convoi de trente-deux voiles, escorté par deux frégates françaises, étoit entré dans Coliouvre; et sachant par ses espions que les habitans de Bagnuy, village situé entre Bellegarde et Coliouvre, s'étoient offerts pour ravitailler la place attaquée, si on les faisoit soutenir par des troupes, il envoya don Joachim de Oquendo, avec deux bataillons, prendre position à la plaine d'Arca, dans la montagne de Requesens, seul chemin par où on pouvoit introduire le ravitaillement. Le commandant d'Argelès, et celui du siége de Bellegarde, furent aussi avertis de se tenir sur leur garde et de prendre toutes les précautions pour empêcher l'introduction de ces secours. Effectivement, le 20 au matin, deux mille hommes sortirent de Coliouvre, et s'avancèrent vers le village de Bagnuy, protégés par le fort de de l'Etoile, le feu d'une batterie placée sur une hauteur, et celui d'une chaloupe canonnière qui s'étoit approchée de la côte; mais, malgré toutes ces dispositions, les mesures étoient tellement prises, que ce détachement fut contraint de rentrer dans Coliouvre, avec perte de quelques hommes.

Dans la nuit du 21 commença le feu de la batterie du Perthus, forte de dix pièces de 16, et quatre mortiers de neuf pouces.

Le 22, à onze heures du soir, le fort cessa de tirer, et on aperçut alors sur une montagne, du côté de Coliouvre, un feu qui fut entretenu toute la nuit. Le fort répondit à ce signal par une grosse lanterne qui fut aussi allumée toute la nuit.

Toute la journée du 23, les assiégés se tinrent dans les casemates, et il ne parut pas une seule sentinelle sur les murailles. La majeure partie du parapet du front d'attaque et le bastion de gauche étoient déjà détruits; le dessous du cordon étoit tellement endommagé, qu'on pouvoit espérer que, sous peu de jours, la brèche seroit totalement ouverte. Pour en hâter l'ouverture, on commença une autre batterie pour quatre pièces de 24; mais le général, se doutant que la suspension du feu de la place, depuis trente-deux heures, ne pouvoit être attribuée qu'à l'impossibilité de défense, fit suspendre aussi le feu des batteries, et, par principe d'humanité, envoya au gouverneur une seconde et dernière sommation. Le gouverneur accéda à la reddition; et livrant une des portes du fort à cent grenadiers espagnols, il se rendit au Boulou, pour traiter et signer avec le général en chef les articles de la capitulation. On accorda les honneurs de la guerre à la garnison. Le 26, à six heures du soir, la garnison, réduite à neuf cents hommes, sortit de la place tambour battant et étendards déployés. Au bas du glacis, elle mit bas les armes, et fut conduite à la Jonquère, pour, de là, passer à Barcelone. Les officiers eurent la permission, sur parole d'honneur, d'aller à Perpignan pour rendre leurs comptes.

Les batteries espagnoles avoient jeté dans ce fort vingt-trois mille soixante-treize boulets de tout calibre, quatre mille vingt-une bombes, et trois mille deux cent cinquante-une grenades. La place avoit répondu par neuf mille six cent quarante-deux boulets, et mille trois cent vingt-quatre bombes ou grenades.

A l'époque de la reddition, tous les bâtimens qui n'étoient pas à l'épreuve de la bombe étoient détruits, les poternes rompues, ainsi que les ponts-levis, les portes et les grilles. La majeure partie des parapets étoit tombée dans les fossés ; les trois magasins à poudre étoient endommagés par l'effet des bombes; un d'eux eût sauté pendant le siége, par l'effet d'un boulet rouge qui avoit rompu une des fenêtres en fer, il eût produit de grands désastres, si on ne s'en fût aperçu à l'instant même, et si on n'y eût porté les plus prompts secours. Les fossés étoient presque comblés par les ruines ; les terre-pleins et l'intérieur de la place étoient tellement encombrés, qu'on pouvoit à peine y marcher. De quarante-quatre canons qui étoient en batterie, trente-deux furent démontés : tous les mortiers le furent aussi.

Après la reddition de Bellegarde, le général Ricardos, mu par ce principe d'honneur qui commande aux vainqueurs les égards dus au malheur, fit mettre à l'ordre la proclamation suivante :

« Soldats, vous devez respecter le mal-
» heur : ce principe, que dicte l'humanité,
» est le propre de la générosité de la nation
» espagnole. Le général ne peut présumer

» que qui que ce soit se permette d'insulter, » du geste, de paroles, ou d'autre manière » quelconque, les prisonniers français, soit à » leur sortie du fort, soit dans leur marche-» route pour se rendre au lieu qui leur sera » assigné. Si le motif d'honneur n'étoit pas » suffisant pour vous contenir, songez que les » chances de la guerre peuvent vous mettre » dans un cas pareil. Mais si, contre toute » espérance, il se trouvoit des soldats, pay-» sans, charretiers, ou personnes quelconques, » qui se permît la moindre insulte envers ces » militaires malheureux, ils seront immédiate-» ment arrêtés, et passeront par six tours de » baguettes.

» Le général ne peut présumer que, parmi » les officiers ou autres personnes distinguées, » il s'en trouve qui manquent aux égards dictés » par l'éducation et la générosité. Mais, dans » le cas contraire, le général prévient qu'il » punira le délinquant suivant son rang et les » insultes dont il se sera rendu coupable. » — Au quartier-général du Boulou, 25 juin 1793.

Tranquille pour ses communications, le général espagnol s'occupa entièrement de pousser ses conquêtes, et combina les approches de Perpignan, que les Français, de leur côté, cherchoient à couvrir. Ils vouloient, à cet effet, rentrer à Thuir, s'y fortifier, et en faire un point central, d'où ils auroient envoyé des partis pour inquiéter les Espagnols sur leurs flancs, et intercepter leurs fourrages. Don Antonio Ricardos prévint les ennemis, et envoya le comte de la Union pour occuper cette ville, avec six bataillons, neuf escadrons, et trente pièces d'artillerie. Les ennemis parurent au nombre de huit mille hommes; et, arrivant sur trois colonnes, ils prirent une position avantageuse en face des Espagnols. Le comte de la Union, qui n'avoit ordre que de se maintenir dans ce poste, garda la défensive. Le géneral en chef, instruit de ce qui se passoit, et n'ignorant pas qu'il étoit entré des troupes fraîches dans Perpignan, partit à minuit du Boulou, ne laissant pour la garde du camp que deux régimens d'infanterie et quelques escadrons. Arrivé à Mas-Deu, il y établit un camp, qui avoit sa droite appuyée à cet endroit; et un autre camp fut établi, ayant sa gauche à Thuir. Le premier juillet, à onze heures du matin, les Français, au nombre de cinq mille hommes d'infanterie, avec quelques escadrons, occupèrent les hauteurs qui sont en face de Mas-Deu, et manifestèrent le dessein d'attaquer cette position. Le lieutenant-général Courten, qui y commandoit, envoya deux compagnies de grenadiers et un régiment de cavalerie pour déloger ces troupes ; mais, renforcées par de l'artillerie, le feu en fut si vif, que les Espagnols ne purent entreprendre l'attaque : les deux armées restèrent en présence jusqu'à la nuit. Les Français craignant sans doute d'avoir le lendemain toutes les forces espagnoles à combattre, se retirèrent pendant la nuit. Don Antonio Ricardos ayant fait une reconnoissance, jugea à propos, pour assurer la position des camps de Mas-Deu et de Thuir, d'établir deux compagnies de grenadiers, un escadron de cavalerie, du canon et des obusiers, sur un mamelon qui se trouve entre ces deux endroits, duquel on dominoit le camp des Français, et d'où l'on découvre la ville de Perpignan.

Le soir de ce même jour, ayant entendu une fusillade du côté de Millas, on envoya un détachement, qui s'aperçut que les ennemis avoient détruit un pont en bois qui étoit sur le Tet. Occupant le village de Millas, le colonel Vives aperçut les ennemis embusqués de l'autre côté de la rivière, il fit avancer des troupes, et le feu commença de part et d'autre; mais le Tet ne se trouvant pas guéable dans cet endroit, on dut renoncer à une attaque, et on fit venir des renforts du camp de Thuir. Le général Urrutia, qui commandoit ces troupes, eut ordre de réduire à l'obéissance les villages de Corbere-le-Haut, Corbere-le-Bas, ainsi que la ville d'Ille; de désarmer les habitans, et de leur déclarer, que s'ils détournoient les eaux qui de ces villages arrivent à Thuir, ils seroient passés au fil de l'épée : pour s'assurer davantage encore de ces endroits, on en enleva en otages les principaux habitans. Tout cela exécuté, le détachement retourna dans le camp.

Le 3, les villes de Camellas, Terrast, Lupia, Pomella, Sainte-Colombe de Thuir, Corbere, Boule, et Sainte-Colombe de la Illas, envoyèrent leurs régidors et baillis pour prêter serment de fidélité au roi d'Espagne, avec serment de suivre la religion catholique, et de reconnoître l'ancien gouvernement.

Comme les paysans qui ne s'étoient pas

rendus aux Espagnols, prenoient les armes contr'eux, le général publia le manifeste suivant, qui prouve d'une manière bien positive la pureté des intentions de S. M. C. :

« Les querelles des souverains se terminent » par le moyen de troupes à troupes; mais il » ne fut jamais permis aux particuliers de » faire usage de leurs armes dans ces circons» tances. Leur impartialité est ce qui leur » conserve leur propriété et leur liberté indi» viduelle. En conséquence de ce principe, » et d'après la déclaration de S. M., du 7 » mai, déclaration qui annonce d'une manière » formelle que son intention n'a jamais été de » faire la guerre à la France, ni à la saine » partie de la nation française, je déclare que » tout Français qui, sans être attaché à l'ar» mée espagnole, portera des armes, uni» forme, soit avec distinction d'officier, ou » seulement de soldat; ceux qui, sous prétexte » de servir en qualité de miquelets, porteront » ou auront chez eux des fusils; enfin tout » habitant qui, sans être soldat, en portera » l'uniforme, ou aura des armes, sera arrêté » et pendu sur-le-champ. » — Au quartier-général de Thuir, le 3 juillet 1793. Don Antonio RICARDOS, général en chef de l'armée espagnole dans le Roussillon.

Dans la nuit du 29 au 30, le commandant des troupes dans Argelès eut ordre d'attaquer le poste d'Oriol, défendu par de fortes batteries placées sur une montagne d'un accès difficile, et à trois quarts de lieue du chemin de Colioure. Il étoit important d'occuper ce poste, afin de pouvoir fermer les approches de cette place. Don Joachim de Oquendo fut chargé de tourner les batteries avec dix-sept cents hommes, pendant que Crespo, avec seize cents, faisoit une fausse attaque sur un autre point. Malgré l'ordre d'Oquendo, de surprendre la batterie, on ne put empêcher les soldats de l'avant-garde de faire feu sur les premières sentinelles françaises, et d'entrer aussitôt dans une des batteries, dont ils s'emparèrent : mais comme le corps de troupes, arrêté dans sa marche par l'aspérité des chemins, n'avoit pu aller aussi vîte que l'avant-garde, composée de montagnards catalans, les Français, avertis de l'approche des Espagnols par un pot à feu, envoyèrent deux mille hommes de renfort, qui surprirent les troupes qui étoient maîtresses de la batterie, et firent un feu de mitraille sur les troupes qui y montoient. Les soldats qui se sauvèrent de la batterie eurent le courage d'emmener des prisonniers, malgré le feu dont on les assaillit. Oquendo voyant son opération découverte, par conséquent manquée, se retira après avoir pris position pour soutenir son avant-garde, chassée de la batterie.

Don Antonio Ricardos, voulant assurer sa position de Mas-Deu, et surveiller les mouvemens de l'armée française, qui avoit son avant-garde à Canhoes, fit porter celle de son armée au village de Ponteilla. Il ordonna en même temps qu'on coupât l'aqueduc qui, passant par Ille et Corbere, conduit l'eau à Perpignan.

Le 7 juillet, au point du jour, les Français, au nombre de quatre mille hommes, se portèrent sur Ponteilla, et y attaquèrent l'avant-garde espagnole. Le général, ayant fait mettre toute l'armée sous les armes, ordonna aux troupes de l'avant-garde et des avant-postes de battre en retraite avec précipitation. Les Français, croyant les avoir obligées à fuir, les poursuivirent avec acharnement ; mais, assaillis par une division de cavalerie placée en embuscade, ils furent mis en pleine déroute avec perte considérable. Aussitôt le général fit marcher deux colonnes d'infanterie pour s'emparer de Canhoes, qui fut abandonné par l'avant-garde française.

Les Français voyant les Espagnols si près de Perpignan, formèrent trois camps en avant, et sous le feu de la place. Le camp sur la droite étoit en avant du village d'Orles, et appuyoit au Tet ; celui sur la gauche étoit établi à Cabestany, ayant en avant la rivière de Calarana, qui se jette dans le lac de Saint-Nazaire, et couvroit ainsi les positions des Espagnols d'Argelès et d'Elne; celui du centre étoit le camp retranché qui est sur la route d'Espagne. Dans cette position, le général français attendit les renforts qu'on lui promettoit. Don Antonio Ricardos sentoit toute l'importance de faire sortir ses ennemis de la position avantageuse qu'ils occupoient, avant qu'ils eussent rassemblé assez de forces pour prendre l'offensive. Si l'armée espagnole eût été plus forte, don Antonio eût pu occuper les Français gardant les camps ci-nommés; et de sa gauche, appuyée sur le Tet, il eût pu faire passer cette rivière à une forte division de cavalerie et d'artillerie légère, qui eût été au-devant des renforts qui venoient de l'intérieur, et formé totalement l'investissement de Perpignan. Mais, n'ayant point suffisamment de troupes pour cette combinaison, le général fut contraint de manœuvrer, afin d'attirer les Français hors de leur position.

Le 13 juin, à la pointe du jour, l'armée se mit en marche, sur trois colonnes. L'avant-garde se porta en avant, et fut remplacée, sur les hauteurs de Carache, par la colonne de droite aux ordres du lieutenant-général don Manuel de Cagigal. La colonne du centre, sous les ordres du marquis de Las-Amarillas, et celle de gauche, sous ceux du prince de Montforte, firent halte à la hauteur de Canhoes, laissant ce village entr'eux deux. L'armée se mit alors en bataille : mouvement qu'exécutèrent les ennemis en manifestant non-seulement l'intention de se défendre, mais même celle d'attaquer les Espagnols, s'ils abandonnoient leur position. Les deux armées restèrent ainsi en présence le 15 et le 16. Ce même jour, à la nuit tombante, l'armée espagnole fit un mouvement en avant, et, se divisant en cinq colonnes, se porta sur la position ennemie. Dans la nuit, une partie de l'avant-garde espagnole s'empara de trois batteries qui couronnoient une montagne, et couvroient la position des Français. Une batterie de vingt-neuf pièces fut établie, avant le point du jour, sur un autre point, dans une position avantageuse, pour soutenir l'attaque qu'on devoit faire de front sur le camp français dès que l'on verroit le signal, qui devoit être un feu sur la gauche de la batterie. La cavalerie, sur la droite, étoit en disposition de couper aux ennemis le chemin de Perpignan; et sur la gauche étoit placée, au même effet, une division aussi de cavalerie.

Au point du jour, le feu commença de part et d'autre avec vivacité. Le premier camp des ennemis fut ébranlé; mais s'étant rapproché du glacis de la place, le général Cagigal, qui commandoit en chef cette attaque, voyant l'impossibilité de forcer la position des Français, fit battre en retraite, et fit évacuer, pièce par pièce, la batterie formée dans la nuit: les troupes eurent ordre de rentrer dans leurs camps respectifs. Les Français suivirent les Espagnols, et s'approchèrent de si près, que les boulets arrivoient dans le camp de la deuxième ligne. On envoya alors une forte division de cavalerie pour couvrir la retraite: cette précaution, quoique tardive, sauva l'armée d'un péril imminent. La division chargea les Français avec une telle impétuosité, qu'ils abandonnèrent leurs pièces d'artillerie : une d'elles fut amenée au camp; et deux autres, qui avoient été enlevées, furent enclouées.

Les troupes de Colioure firent une sortie ce même jour, et occupèrent des hauteurs qui sont sous la protection des forts de Puig-Oriol et de l'Etoile. Crespo sortit d'Argelès; et ayant fait placer une batterie sur une hauteur qui dominoit la droite de leur position, il fit taire leur feu. A la gauche, le combat fut sanglant et tenace; mais l'artillerie espagnole ayant été renforcée, les Français se retirèrent.

Dans la nuit du 7 juillet, le général de l'avant-garde espagnole ayant entendu beaucoup de bruit d'artillerie dans le village de Canhoes, occupé par l'avant-garde ennemie; ayant su que le bois qui joint au village étoit rempli de troupes, et ayant ensuite entendu battre la générale dans le camp des Français, il donna avis de ce qui se passoit au général en chef. L'armée se mit aussitôt sous les armes, et se porta en avant de Ponteilla.

Vers les neuf heures du matin, on aperçut deux fortes colonnes se dirigeant sur Mas-Deu; elles se réunirent, et se formèrent en bataille en avant d'un bois épais, ayant toute la cavalerie sur le flanc droit. Un feu d'artillerie s'engagea aussitôt : celui de deux batteries espagnoles, avantageusement placées, fit taire celui des Français, qui se retirèrent avant qu'on ait pu en venir à un combat.

Le général espagnol, voyant sa position de Thuir bien assurée, ne laissa dans ce camp que deux régimens d'infanterie et un de cavalerie; le surplus des troupes se porta en avant, et campa en avant de Truillas, pour renforcer le centre de la position. On fit fortifier en même temps la ville d'Ille, de manière à la défendre d'un coup de main; et on y mit un bataillon pour la garder.

Don Antonio, fut averti par ses espions, que les Français devoient célébrer la fête de la Fédération du 14 juillet par une attaque sur toute la ligne; que leurs projets étoient de se porter sur Argelès, pour agir avec les troupes enfermées dans Coliouvre, et qui devoient faire une sortie tandis qu'on feroit une fausse attaque sur Thuir et Mas-Deu : pour déconcerter le plan des républicains, il résolut de faire un mouvement en avant, en prenant une position qui couvrit Canhoes ainsi que le bois qui est à côté, et qui étoit occupé par les ennemis.

Le 13, à deux heures du matin, les troupes d'avant-garde se portèrent sur les hauteurs en avant du village de Ponteilla. L'armée se mit alors en mouvement sur trois colonnes: la première se dirigeant sur le village de Nils, la deuxième sur la droite de Canhoes, et la troisième sur la gauche de ce même village, ayant attention, lesdites colonnes, de conserver leur distance, afin de pouvoir se déployer au premier ordre. L'avant-garde ennemie évacua Canhoes dès qu'elle eut connoissance de l'approche des colonnes; et l'avant-garde espagnole vint occuper ce poste, et s'établit sur une hauteur qui est à la droite du village.

Vers huit heures du matin, on aperçut des ennemis dans un bois sur la gauche; on y envoya aussitôt un bataillon de gardes wallones, et quelques troupes légères, avec huit pièces de campagne. Après quelque résistance, les Français en furent délogés; mais sur le soir on les aperçut sur la droite de l'avant-garde: on envoya des troupes pour les contenir; mais le feu s'étant engagé, et les troupes espagnoles

ayant

ayant mis les Français en déroute, elles les poursuivirent jusque dans un camp qu'ils couvroient, et dans lequel elles pénétrèrent, y enlevèrent une distribution de pain, et se retirèrent en bon ordre, sans être inquiétés.

Le mouvement de l'armée espagnole déconcerta tellement les généraux français, qu'ils ne purent effectuer leur plan d'attaque, arrêté pour le lendemain : l'armée les accusa même d'être vendus.

Du côté de Thuir, quelques miquelets s'avancèrent ; mais ils se retirèrent bientôt sur Saint-Féliu, et se maintinrent sur une hauteur, dont on ne chercha pas à les déloger. Quelques chaloupes débarquèrent un petit nombre de troupes, qui se joignirent à des détachemens envoyés pour inquiéter les Espagnols. Crespo fit sortir d'Argelès plusieurs partis qui forcèrent le rembarquement de ces troupes, et poursuivirent jusque sous le canon de Puig-Oriol, celles qui étoient sorties de Coliouvre.

Don Antonio Ricardos transféra, le lendemain 14, son quartier-général à Truillas : après avoir visité la ligne, il fit renforcer la gauche de sa position, qu'il ne trouvoit pas assez couverte.

Les Français ne pouvant forcer le centre de la ligne d'opération des Espagnols, voulant cependant les obliger d'abandonner Perpignan, portèrent des forces sur la gauche de leurs ennemis, et se présentèrent le 22 devant Ille : ils coupèrent les conduits qui y mènent l'eau. Ce poste n'étoit défendu que par un bataillon qui fit bonne contenance, et donna le temps à des troupes de renfort d'arriver. Le 26, le général ordonna à Crespo de prendre le commandement de la ville d'Ille, de couvrir toute cette partie du Roussillon jusqu'à Villefranche, de former l'attaque de cette ville, et de couper ses communications avec Mont-Louis. On lui envoya la grosse artillerie qui lui étoit nécessaire pour cette opération. Don Joseph Crespo fit ses dispositions; et pour couvrir son mouvement sur Villefranche, il fit occuper Corbère de Millas et Vincac : mais le 31, les ennemis attaquèrent ce dernier endroit, dans lequel on avoit établi les fours de campagne, et qui avoit pour défense, en sus des troupes de ligne, une compagnie de paysans du lieu, qui s'étoient proposés pour sa défense, et qui se battirent avec courage jusqu'à ce que s'étant aperçus que les Espagnols avoient usé leurs munitions, et que les Français, supérieurs en nombre, avançoient sur la ville, craignant sans doute les suites de leur dévouement pour les Espagnols, ils se tournèrent du côté des républicains, et attaquèrent spontanément les troupes de ligne auxquelles ils s'étoient ralliés, en criant : vive la république! Leur capitaine seul demeura fidèle : se voyant trahi, ayant usé toutes ses cartouches, et n'ayant pas suffisamment de forces pour fondre à la baïonnette sur les troupes qui s'avançoient, le commandant espagnol fut obligé d'abandonner Vincac. Les Français y entrèrent, et en enlevèrent trente sacs de farine et quatre cents pains, surplus de la distribution du jour. En se retirant, la commandant espagnol rencontra un détachement de trois cents hommes, qu'on envoyoit au général Crespo : ce renfort venoit de Ponteilla. Informé de ce qui s'étoit passé, le commandant de ce détachement crut devoir déloger les Français du poste qu'ils venoient d'enlever : ayant fait partager les cartouches qu'avoient ses soldats, avec ceux qui se retiroient faute de munitions, il divisa sa petite troupe en trois colonnes, et marcha sur Vincac, d'où il débusqua les Français, malgré une vive résistance et le feu d'une batterie qu'ils avoient établie de l'autre côté du Tet. Comme cette batterie inquiétoit le poste de Vincac, le commandant espagnol résolut de l'enlever le lendemain; mais elle fut évacuée dans la nuit, et les canons enlevés.

Les ennemis continuoient cependant à inquiéter les troupes qui étoient dans le Conflans, et dénotoient le projet de faire une diversion de ce côté, et d'arrêter, par ce mouvement, le progrès des Espagnols du côté de la capitale du Roussillon. Don Raphaël Adorno, maréchal de camp, fut envoyé pour faire disparoître les détachemens ennemis qui couvroient cette partie. Se portant sur Vincac, où il comptoit trouver les Français, qui, suivant ce qu'on lui avoit dit, étoient rentrés dans ce poste, il reçut dans sa marche un ordre du général, qui lui enjoignoit de se porter sur Millas, qui étoit attaqué, mais vaillamment défendu par le capitaine de grenadiers Cordova. Aussitôt que les troupes d'Adorno parurent, les Français se retirèrent.

Adorno les ayant vus en pleine retraite, laissa Millas au détachement qu'il avoit secouru : ce dont les Français s'étant aperçus à leur tour, ils vinrent le lendemain réattaquer ce poste. Le général en étant instruit, y envoya un renfort de deux cents hommes, aux ordres de don François Solano : ce renfort délivra ce poste de nouvelles entreprises.

Pendant qu'Adorno faisoit évacuer les détachemens français qui inquiétoient la plaine du Conflans, Crespo se dirigeoit, avec six bataillons, sur la ville de Prades, distante d'une heure et demie de chemin de Villefranche. Ayant une parfaite connoissance des localités, de la position qu'occupoient les ennemis, et des chemins qui conduisent au château et à la ville de Villefranche, il s'approcha d'une hauteur qui est à demi-portée du canon du château, et d'où il pouvoit aussi battre la ville. Mais il n'y avoit pas de chemin pratiqué pour transporter de l'artillerie sur le sommet de la hauteur; et le général se voyoit privé de l'avantage de cette position, lorsque les grenadiers du régiment de Savoie et de Navarre s'offrirent de monter à bras les pièces qu'on voudroit y mener : quatre pièces de 24, et autant du calibre de 12, furent, de cette manière, mises en batterie. Le gouverneur fut aussitôt sommé de se rendre : s'y étant refusé, le feu commença à trois heures du matin. Mais après vingt-quatre heures d'un feu vif et soutenu, dirigé contre la ville et le château, les Français arborèrent un drapeau blanc, et envoyèrent un officier qui, au nom des gouverneurs de la ville et du château, offrit la reddition de l'une et de l'autre, en disant qu'on devoit profiter de la sortie d'un fort détachement qui avoit été relever les troupes d'un camp placé sur une montagne voisine, dans l'intention de soutenir la place; et que, ne voulant pas s'exposer à être passés par les armes, ils engageoient les Espagnols à occuper la ville avant la rentrée des troupes descendantes du camp. Crespo, se méfiant autant de la sincérité des habitans que de celle des gouverneurs de la ville et du château de Villefranche, envoya aussitôt des forces assez considérables pour parer aux résultats d'une trahison. Elles laissèrent les portes ouvertes, afin de surprendre les troupes qui rentreroient; mais celles ci, averties, chemin faisant, de la reddition de la ville, retournèrent au camp. Celles qui étoient dans la place se rendirent prisonnières de guerre.

Les Français inquiétoient toujours Millas par le feu des batteries qu'ils avoient établies sur la rive gauche du Tet. Le général résolut de les chasser définitivement de leurs postes, et ordonna à don Raphaël Adorno de se porter sur ce point avec trois bataillons de ligne et deux cents hommes de troupes légères. Dans la nuit du 10 août, Adorno se mit en marche, et fit ses dispositions pour occuper la droite des Français par une fausse attaque, tandis que sur la gauche, à la tête de ce qui lui restoit de troupes, il se porta sur le village de Nasiach, où il rencontra une grand'garde. Au point du jour, il aperçut les ennemis formés en bataille, et occupant la position qu'il avoit compté prendre pour dominer les batteries ennemies. Ainsi déçu dans son plan d'attaque, se trouvant sans cavalerie et sans artillerie, et ayant à combattre un ennemi supérieur en nombre, qui avoit de la cavalerie et de l'artillerie, il ne lui restoit d'autre parti à prendre que d'attaquer, à la baïonnette, les batteries, qui étoient le but de son expédition, pendant qu'un bataillon se formeroit en bataille sur une hauteur en face de la position qu'avoient prise les troupes françaises. Un bataillon de grenadiers de Malaga fut chargé de l'enlèvement des deux batteries; et, malgré un feu à mitraille, il parvint à s'en emparer : on en dirigea aussitôt les canons contre les Français qui occupoient la hauteur, et on les força à un mouvement rétrograde. Pendant cette action, on détruisit les deux redoutes, et on précipita dans la rivière un obusier, une pièce de 16, ainsi que les caissons. S'apercevant que les ennemis se renforçoient, Adorno, ayant rempli le but de son expédition, ordonna la retraite, qui se fit en bon ordre, en emmenant les pièces de 4, qu'on eut beaucoup de peine à faire passer dans les chemins qu'il falloit tenir pour regagner la rivière, dont le passage étoit gardé par des grenadiers provinciaux.

Depuis cette affaire jusqu'au 16, il n'y eut rien de nouveau dans les opérations de l'armée de Roussillon. Le 17, le général ayant ordonné à Crespo de laisser garnison dans Villefranche, et de rejoindre l'armée en balayant tout ce qu'il trouveroit d'ennemis sur son chemin, il délogea les Français de Masos, qui fut livré au pillage. On fit sur l'ennemi, qui le défendit, cent trente-sept prisonniers de troupes de ligne; et on lui prit cinq pièces de canon, avec les caissons, et beaucoup de munitions et effets de troupes.

Le 19, vers le soleil couchant, les Français, au nombre de six cents, s'avancèrent jusqu'à Elne : ils surprirent une des sentinelles de l'avant-garde des troupes dans Argelès; et après avoir incendié un magasin de paille, s'être emparés de quelques charrettes attelées, ils retournèrent à Perpignan. Cette expédition donna l'alarme; et le bruit courut dans le camp de Mas-Deu, qu'Argelès étoit pris, et qu'Elne étoit attaqué par trois colonnes. Le général en chef détacha aussitôt le prince de Montforte, lieutenant-général, avec une forte division, et lui donna l'ordre d'attaquer l'ennemi dans quelque position qu'il le trouvât; mais instruit dans la route que le motif de sa marche n'étoit qu'une fausse alarme, et ayant reçu de nouveaux ordres, le prince se dirigea sur Perpignan, par la gauche d'Elne, afin de couper la retraite à ces six cents Français qui étoient partis de Villeneuve, bourg situé à un quart d'heure de chemin du camp de Cabestany, qui couvroit Perpignan sur la gauche. Les Espagnols entrèrent dans ledit bourg, qui n'avoit pas encore été soumis : ils firent abattre l'arbre de la liberté ; les habitans furent désarmés, et on enleva trois cents moutons et trente bœufs destinés à l'armée française. En se retirant, les Espagnols emmenèrent quatre officiers municipaux, accusés de servir d'espions aux Français. Ceux-ci ne troublèrent point cette opération, quoiqu'elle se fit à vue des sentinelles et de leurs postes avancés.

Dans la nuit du 19 au 20, quatre cents miquelets français ayant trompé les sentinelles d'un poste qui gardoit un magasin à poudre, et qui les prirent pour Espagnols, arrivèrent jusqu'aux environs de Thuir, où ils furent reconnus et poursuivis jusqu'au village de Soler. Ils n'eurent pas la présence d'esprit de profiter de leur petit succès pour mettre le feu au magasin à poudre dont ils avoient surpris les gardes.

Les Espagnols occupoient toujours les positions de Mas-Deu, Truillas et Thuir ; mais en arrière, et sur leur gauche, ils étoient inquiétés par les Français qui étoient dans la Cerdagne, et qui étant maîtres d'Olette et de Mont-Louis, faisoient des incursions dans les pays conquis. Don Antonio résolut de porter sa ligne sur le Tet, et de dégager, par ce mouvement, tout le pays entre cette rivière et les Pyrénées. Ce mouvement lui donnoit encore la facilité de mettre le siége devant Perpignan, après en avoir enlevé le camp retranché. Il falloit, pour cela, forcer les Français à évacuer leurs positions et les villes qu'ils occupoient encore sur la droite du Tet. En conséquence, il ordonna à don Joseph Crespo de forcer le poste de Montalba, et de faire évacuer le camp français établi sur la montagne de Montferraill, dans le Conflans, tandis que le lieutenant général marquis de Las-Amarillas passeroit le Tet, entre Saint-Féliu et Soler, avec six mille hommes, pour attaquer le camp et village de Corneilla, occupés par quatre mille six cents hommes, commandés par le général Lemoine. Cette position des Français défendoit le passage du Tet en face de Millas, qui étoit occupé par don Francisco Solano. Un corps de cavalerie devoit, pendant cette manœuvre, tourner le flanc gauche des Français, afin de leur couper la retraite. Cette opération combinée, en donnant au général espagnol toute la rive gauche du Tet, lui facilitoit les moyens d'intercepter les convois de l'ennemi, et, se trouvant maître de la plaine, d'ôter tout fourrage à leur cavalerie. Différens accidens, et un orage très-fort qui survint le 29, ayant fait grossir la rivière, l'exécution de ces attaques fut remise au lendemain. Vers le soir de la journée du 30, le marquis de Las-Amarillas passa la rivière, attaqua les ennemis, qui, après une foible résistance, abandonnèrent leur camp de Corneilla, y laissant tentes et artillerie. Les batteries furent enlevées par la cavalerie. Du côté de la Cerdagne, don Joseph Crespo délogea les ennemis de la montagne de Montferraill, et s'empara aussi de son artillerie. Par ces deux victoires, le général espagnol fut totalement maître de la plaine du Roussillon jusqu'au Tet.

Les troupes françaises qui occupoient les positions dans la Cerdagne, se retirèrent sur les détachemens du général Dagobert, qui avoit déjà réuni à la garnison de Mont-Louis les troupes battues à Villefranche.

Se voyant chassé des positions qu'il avoit sur le Tet, le général français combina une diversion qui devoit être avantageuse au mouvement général de l'armée, puisqu'elle appeloit l'attention de ses ennemis sur les derrières de leurs opérations. Il ordonna au général Dagobert de réunir toute sa division, et d'attaquer le maréchal de camp don Diego de la Pegna, qui couvroit Puycerda, et occupoit le poste de la Perche avec trois bataillons d'infanterie et trois cents dragons. La précipitation du mouvement du général français, et la supériorité de ses forces, obligèrent le général espagnol d'abandonner son camp, même son artillerie, et de se replier sur Urgel.

Ayant pris position à Puycerda, les Français résolurent de poursuivre leurs succès; et se divisant sur quatre colonnes, ils débouchèrent par les villages de Palau, Oseja, Libia, et les hauteurs qui avoisinent ce dernier village, pour attaquer les Espagnols, qui avoient rappelé les troupes qui étoient dans la vallée de Carol. Ils furent repoussés; et ayant laissé deux mille hommes, avec de l'artillerie, à Belver, et mille à Puycerda, ils se retirèrent sur Mont-Louis.

Le maréchal de camp don Raphaël Vasco fut envoyé, avec cinq bataillons, de l'artillerie et un détachement de cavalerie, pour reprendre la Cerdagne. Ces troupes attaquèrent le camp d'Olette, qui couvroit Dagobert sur ses derrières. Ce camp étoit occupé par deux mille Français, qui se retirèrent en désordre en avant d'une hauteur voisine. Ayant été renforcés par Dagobert, qui craignoit d'être coupé, ils profitèrent d'un brouillard pour surprendre, le lendemain 3 septembre, les troupes victorieuses, qui, à leur tour, se retirèrent dans le plus grand désordre, abandonnant l'artillerie et les munitions. La perte des Espagnols fut considérable dans cette retraite; et cet échec fut, dans la suite, d'une conséquence majeure.

Les Français, en abandonnant la position de Corneilla, sur le front d'attaque des Espagnols, s'étoient retirés sur Salces, à l'extrémité du Roussillon, afin de conserver leur communication avec le Languedoc. Il ne restoit plus aux Français, dans la plaine du Roussillon, que les camps en avant de Perpignan, et la position de Peyrestortes, qu'il falloit enlever pour pouvoir occuper Rivesaltes, et pousser la ligne sur la rivière de Gly, en appuyant la gauche à Estagel. Le général espagnol, qui sentoit la nécessité de profiter de ses succès, et de pousser les Français au-delà des Corbières, ce qui lui eût assuré la possession totale du Roussillon et la prompte reddition de Perpignan, ordonna au marquis de Las-Amarillas de faire occuper Rivesaltes, et de prendre position en avant du camp de Saint-Etienne, afin d'y contenir les Français, et de donner le temps de faire passer des troupes du côté d'Estagelès, pour les tourner par leur gauche. Le 3 septembre avoit été fixé pour l'attaque du camp français de Peyrestortes; mais elle ne put s'effectuer ce jour-là, par des accidens imprévus.

Combinant une attaque générale, don Antonio Ricardos avoit fait porter des troupes sur le Conflans, afin de masquer les Français qui étoient à Mont-Louis, et les empêcher de passer le Tet et d'opérer une diversion qui auroit gêné ses opérations. Il avoit donné aussi l'ordre d'attaquer les camps en avant de Perpignan. Le brigadier don Joseph Bailly fut chargé d'attaquer le camp de droite, d'Orles, pendant que le brigadier don Joseph Iturrigaray attaqueroit le camp de la gauche, de Cabestany. Un autre corps devoit se tenir en présence du camp retranché, afin de le contenir, et d'empêcher les troupes qui le gardoient de secourir le camp de la droite et de la gauche.

Telles étoient les dispositions du général en chef. L'attaque sur Peyrestortes n'eut pas lieu le 3 septembre, comme nous l'avons dit ; mais dans la soirée de ce jour le corps de Bailly attaqua le camp d'Orles, s'empara de la principale batterie, en encloua les canons, et y fit prisonnier le général Frecheville. Le corps d'Iturrigaray délogea les ennemis du camp de Cabestany : et après en avoir fait un massacre horrible. il emmena des prisonniers et plusieurs pièces de canon.

L'attaque du camp de Peyrestortes ne put (on ne sait trop pourquoi) avoir lieu que le 8, et ne commença encore qu'à cinq heures du soir. Un feu d'artillerie s'engageoit de part et d'autre avec vivacité, lorsqu'un bataillon du régiment de Navarre et quelques compagnies de grenadiers provinciaux se jetèrent, à travers la mitraille, dans les batteries des ennemis, s'en emparèrent après un combat acharné à la baïonnette, mirent les Français en déroute, et pénétrèrent dans le camp. Ce succès ne doit être attribué qu'au courage des troupes espagnoles.

Ayant reçu des renforts du camp de Salces, les troupes battues attaquèrent, le lendemain,

les

les troupes victorieuses. Le marquis de Las-Amarillas fut culbuté : il se retira sur le Vernet, d'où il fut de nouveau contraint de se retirer dans la position de Mas-Deu.

Dans le Conflans, les troupes françaises, après avoir obtenu des succès à Olette, avoient forcé les Espagnols de se concentrer sur Villefranche, et tous leurs efforts étoient réduits à couvrir cette place. Instruit des progrès des Français dans cette partie, et craignant que de nouveaux succès de ce côté ne compromissent la sûreté de l'armée, don Antonio Ricardos envoya le comte de la Union, avec une forte division, pour renforcer les troupes du Conflans, déjà retirées sur le Tet, et empêcher que sa position de Mas-Deu et de Truillas ne fût compromise par sa gauche.

Dans la nuit du 15, les postes avancés donnèrent avis qu'ils entendoient un bruit de transport d'artillerie du côté du château de Reart. On battit aussitôt la générale au camp de Ponteillas ; et, peu après, le feu se fit entendre du côté de Mas-Deu. Le général se porta aussitôt à Ponteillas ; et sur l'avis qu'on apercevoit les ennemis garnissant les hauteurs près ledit château de Reatt, il ordonna au brigadier don Manuel Vives de s'avancer sur Mas-Deu avec une partie de l'avant-garde. Le général se transporta lui-même ensuite à cet endroit; et ayant renforcé la division de Vives de trois compagnies de carabiniers, il l'envoya sur le poste de Reart, où il aperçut l'ennemi formé en bataille à la droite et à la gauche d'une maison en ruine. Il déploya aussitôt ses troupes, les mit en bataille hors la portée du canon, et fut reconnoître de plus près la position des Français : il les aperçut défilant en colonnes par la droite, et se dirigeant sur le camp de Cabestany, en avant de Perpignan, couverts par un parti de cavalerie, qu'il fit charger par les carabiniers royaux, qui le mirent en fuite.

Il paroît que les Français avoient eu, ce jour-là, l'intention d'attaquer la position des Espagnols en cherchant à les déborder par leur droite; mais que voyant l'armée sous les armes, et manœuvrant pour les attaquer eux-mêmes, ils se désistèrent de ce projet, et refusèrent ensuite la bataille.

Enhardis par les succès de Peyrestortes et du Vernet, ainsi que par ceux que le général Dagobert avoit obtenus dans le Conflans, les

Français résolurent de délivrer totalement Perpignan, et de repousser les Espagnols sur le Tech. Le camp de Salces avoit été levé après l'affaire de Peyrestortes; les troupes qui le composoient, ainsi que celles qui gardoient Estagelès, s'étoient reportées sur le Tet, et avoient été réunies à l'armée active. Toutes les combinaisons du général républicain se bornèrent à l'attaque de la forte position qu'occupoient les Espagnols; leur droite à Mas-Deu, le centre à Truillas, et la gauche sur Thuir, ayant leurs avant-postes à Ponteillas.

Toutes ses dispositions étant prises, et l'armée française réunie sur Canhoes, elle se porta, le 22 septembre, sur Nils, Ponteillas et Truillas, dans l'intention d'en déloger les Espagnols. L'attaque fut vive, la défense fut opiniâtre : la bataille dura tout le jour, et offrit de part et d'autre des preuves de courage; mais la victoire devoit encore ce jour-là être favorable aux Espagnols. Les Français furent repoussés; et pour perpétuer cette victoire, S. M. C. donna au général don Antonio Ricardos, le titre de comte de Truillas. Malgré les avantages que lui donnoient la victoire qu'il venoit d'obtenir, don Antonio jugea que la position qu'il occupoit n'étoit plus tenable, et qu'il ne pouvoit plus reprendre l'offensive sans des renforts considérables. Il décida de reporter son camp dans la position du Boulou. Le 24, une partie des troupes effectua sa retraite. Les Français en étant avertis, attaquèrent Thuir le lendemain : ils y trouvèrent de la résistance; mais le 26, étant revenus à la charge, ils s'en emparèrent. Don Antonio, malgré cet échec, tint encore dans son camp de Truillas jusqu'au 30; et ce jour-là il fit sa retraite en bon ordre, et sans être inquiété, sur la position du Boulou, préparée pour le recevoir. Le général français profita de la retraite des Espagnols : il réunit les troupes des camps d'Orles, de Cabestany et du camp retranché de Perpignan, et, le même jour, attaqua et reprit les villes d'Elne et d'Argelès.

Le camp des Espagnols étoit posé dans la plaine qui est en avant du Boulou, et que traverse le grand chemin de Perpignan. Son front étoit défendu par un ravin qui se prolonge de l'est à l'ouest, et au fond duquel coule la petite rivière de Valmagne, qui se jette dans le Tech. Des batteries à feu croisé, placées sur des mamelons peu élevés au-dessus du niveau de la plaine, défendoient l'approche du ravin, et couvroient le camp, qui étoit appuyé, à sa gauche, sur un prolongement de coteaux qui sont dans la direction du nord au sud. Ces coteaux étoient couverts de fortes batteries; une desquelles (celle sur le *pla del Rey*, le plateau du Roi) fut depuis appelée la batterie du Sang (*la batteria de la Sangre*). On devine aisément la raison qui lui fit donner cette appellation. Prise par les Français sur les Espagnols, attaquée peu d'heures après par un détachement de gardes wallones, elle ne resta au pouvoir de ces derniers qu'après l'avoir obtenue au prix de leur sang et de celui des Français, qui la défendirent avec intrépidité, et qui préférèrent une mort glorieuse à une retraite qui n'eût cependant pas été déshonorante. Ces batteries de la gauche du camp couvroient le grand chemin de Ceret, et assuroient la communication du Boulou avec cette ville. La droite du camp arrivoit jusqu'au Tech, et étoit couverte, de ce côté, par cette rivière et par un camp établi sur l'autre rive, et qui étoit appuyé aux coteaux retranchés de Montesquiou. Par ce moyen, les Français qui étoient à Argelès étoient contenus.

Les Espagnols, retirés dans le camp du Boulou, occupoient une position avancée qui défendoit l'approche des Pyrénées, et leur donnoit le temps de recevoir les renforts qui leur étoient nécessaires pour reprendre l'offensive. Toute la ligne des Pyrénées étoit en leur pouvoir; Coliouvre, Port-Vendres, le fort Saint-Elme, avoient capitulé, et étoient occupés par leurs troupes; les fortifications de Bellegarde avoient été réparées; le commandement de cette place avoit été donné au marquis de Vallesantoro; les communications de l'armée avec la Catalogne étoient assurées; et le camp retranché du Boulou, ainsi que l'occupation de la rive droite du Tech, dont les passages furent défendus par des redoutes, leur offroient une ligne de défense avantageuse et imposante.

Dans cette situation, don Antonio Ricardos fut appelé à Madrid, sans doute pour combiner un nouveau plan. Les fatigues de la campagne avoient détruit sa santé, déjà fort altérée. Il mourut à Madrid, et fut remplacé par le lieutenant-général comte O-Reilly, qui mourut se rendant à l'armée. Le comte de la Union, qui s'étoit distingué dans la campagne de 1793, fut alors nommé au commandement en chef de cette armée. Nous avons été juste et impartial dans le Précis des succès des Espagnols en Roussillon; nous conserverons la même justice et la même impartialité dans le Précis que nous donnerons par la suite des malheurs qui ont marqué l'époque du généralat du comte de la Union.

La campagne brillante de don Antonio Ricardos fait seule l'éloge des talens militaires de ce général. Il sut connoître le génie des troupes qu'il commandoit, et il tira le plus grand parti de leur bravoure. Il connoissoit aussi les vices qui existoient alors dans l'organisation de son armée; il sut en éviter les effets. La rapidité avec laquelle il envahit le territoire ennemi, ses plans, ses opérations, mettent don Antonio Ricardos au rang des grands capitaines du siècle.

Tel est le Précis des événemens militaires qui ont eu lieu en Guipuscoa et en Roussillon, pendant les campagnes dont j'ai parlé. Ce n'est qu'après avoir recueilli les rapports d'officiers instruits qui ont fait ces campagnes, soit dans l'armée française, soit dans l'armée espagnole, que je me suis permis d'en offrir le résumé au public. Puisse-t-il le porter à se défaire de ses préjugés contre une nation estimable sous tous les rapports, et qui est l'alliée naturelle de la France! Puisse-t-il enfin le porter à rendre justice à la bravoure du soldat espagnol, bravoure qui n'est révoquée en doute que par les personnes qui n'ont pas combattu contr'eux ou avec eux!

En terminant ce premier volume, nous croyons devoir y insérer deux pièces précieuses pour l'histoire : l'une est la proclamation de S. M. C., à l'époque de la déclaration de guerre avec la France; l'autre, le décret qui annonce au conseil d'Etat l'alliance de l'Espagne avec l'Angleterre. Dans la première, au lieu de ces déclamations virulentes, qui étoient toute l'éloquence du moment, de ces déclamations dictées par l'esprit d'animosité que l'on n'eût pu trouver extraordinaire dans une proclamation de S. M. C., nous trouverons l'expression d'une douleur profonde; nous verrons le roi d'Espagne forcé à prendre les armes par des motifs louables et dictés par l'honneur de sa couronne, la conservation de ses Etats, l'intérêt de ses peuples, et les droits de son sang. Dans la seconde, nous verrons une alliance déterminée par la nécessité dans laquelle se trouvoit S. M. C.

d'acquérir des moyens puissans pour terrasser l'ennemi conmun, et ramener un peuple égaré plus que coupable, aux principes qu'on lui avoit fait méconnoître, mais auxquels il est revenu de lui-même, dès qu'il n'a plus été influencé par les scélérats qui l'avoient plongé dans l'abyme du malheur.

PROCLAMATION.

« Depuis que je suis monté sur le trône, mon but le plus constant et mon desir le plus sincère a été de maintenir, autant qu'il dépendoit de moi, la paix de l'Europe : en contribuant ainsi au bien général, j'ai donné à mes fidèles sujets une preuve authentique de ma vigilance paternelle, pour leur procurer cette félicité qu'ils méritent, autant par leur loyale fidélité que par la noblesse de leur caractère. Ma conduite vis-à-vis de la France, depuis que les principes de révolte, d'impiété et d'anarchie s'y sont manifestés, et ont agité ces peuples, a été si modérée, qu'il me paroit inutile d'en parler. Il me suffira de rappeler ce qui s'est passé ces mois derniers; et sans relater les horreurs multipliées que je voudrois pouvoir sortir de ma mémoire et de celle mes sujets bien aimés, je suis forcé de revenir sur le plus atroce des crimes.

» Mon principal objet fut de chercher les moyens d'amener les Français à un parti raisonnable qui, arrêtant leur ambition démesurée, évitât une guerre générale en Europe. Je desirois obtenir la liberté de S. M. T. C. Louis XVI, et celle de son auguste famille, tous prisonniers dans une tour, et exposés journellement aux insultes et aux plus imminens dangers. Pour arriver à ces résultats si utiles à la tranquillité générale, si conformes aux lois de l'humanité, et faisant partie des obligations qu'imposent les droits du sang, résultats si desirables pour la conservation de l'honneur de la couronne, je cédai aux instances du ministère français, en donnant une grande extension aux traités qui stipuloient la neutralité et le rappel réciproque des troupes envoyées aux frontières. Mais à peine ces traités étoient signés, que sous le prétexte astucieux de crainte d'une invasion des Anglais, les Français gardèrent leurs troupes dans les environs de Bayonne : leur but réel étoit d'être toujours en mesure d'agir, et de pouvoir disposer de ces troupes suivant leurs intérêts, se maintenant dans un état respectable, et dispendieux pour nous, par la nécessité dans laquelle nous nous trouvions de conserver de pareilles forces sur nos frontières, si nous ne voulions nous exposer à une surprise de la part de gens indisciplinés et désobéissans. Par une subtilité aussi incidieuse, ils affectèrent d'omettre, dans cette note, de parler au nom de la république française, afin que l'admission de cette même note fût une reconnoissance du principe.

» J'avois ordonné qu'en présentant les notes dont il est question, on fît les efforts les plus efficaces en faveur du roi Louis XVI et de sa malheureuse famille; et si je n'exigeai pas que l'amélioration de leur sort fût la condition précise de la neutralité et du désarmement, ce fut dans la crainte d'empirer une cause en laquelle je prenois un intérêt si vif, intérêt que je devois à tant d'égards; mais j'étois convaincu que sans une mauvaise foi de la part du ministère français, il ne pouvoit manquer de s'apercevoir qu'une recommandation et une interposition aussi forte faite de ma part, et accompagnant lesdites notes, avoit avec elles une connexion tacite, mais si intime, qu'il devoit comprendre qu'il ne pouvoit accéder à l'une sans accorder l'autre, et que ma réserve à ce sujet étoit une preuve de ma délicatesse dans ce procédé, voulant laisser au ministère français tout le mérite de faire un bien auquel nous étions autorisés à le croire propice, sans se compromettre vis-à-vis des divers partis qui divisent la France. Mais sa mauvaise foi se manifesta dès ce moment; et en éludant la recommandation d'un souverain qui est à la tête d'une nation aussi grande que généreuse, il insistoit pour l'admission du traité dont il avoit altéré déjà le principe, accompagnant ses pressantes sollicitations de la menace de rappeler le chargé d'affaires, dans le cas où l'on retarderoit la signature; mais pendant qu'il continuoit ses instances entremêlées de menaces, il concertoit le cruel et incalculable assassinat de son souverain : mon cœur, ainsi que celui des Espagnols de toutes les classes, saigne encore d'un crime aussi atroce! Le ministère français cherchoit encore à continuer ses négociations, ne pouvant sans doute s'imaginer qu'elles fussent admises, mais dans l'intention d'outrager mon honneur et celui de mes sujets, sachant parfaitement que chaque instance, après un tel événement, étoit une nouvelle ironie, et que je ne pouvois, sans manquer à ma dignité, prêter l'oreille à ses propositions. Le chargé d'affaires demanda ses passeports : ils lui furent accordés; mais déjà un bâtiment français s'étoit emparé d'un navire espagnol sur les côtes de Catalogne. Cet acte hostile porta le capitaine-général de cette province à ordonner la représaille. Dans le même temps j'appris que l'on avoit fait d'autres prises sur mes sujets, et qu'à Marseille et dans les autres ports de France, on avoit mis embargo sur les navires espagnols.

» Enfin, le 7 du conrant, ils nous ont déclaré formellement la guerre, qu'ils avoient déjà commencée sans l'avoir publiée ; car c'est du 26 février que datent les lettres de course contre nos bâtimens de guerre et de commerce ; ainsi qu'il est prouvé par les papiers et lettres de course trouvés à bord du corsaire français le Renard, capitaine Jean-Baptiste Lalanne, pris par le brick le Léger, sous les ordres de don Juan de Dios Copète, qui reprit aussi un navire espagnol chargé de poudre, qu'avoit capturé le corsaire français.

» En raison de cette conduite, et des hostilités commencées par la France avant déclaration de guerre, j'ai expédié les ordres nécessaires afin d'avoir à rechasser l'ennemi; et l'attaquer par mer et par terre dans toutes les occasions qui se présenteront; et j'ai résolu et ordonné que la guerre contre la France se public à l'instant dans ma capitale, et que pareille publication soit faite dans toute l'étendue de mes Etats, afin que l'on prenne les moyens de défense et d'attaque qui conviendront. Le conseil de guerre aura à seconder mes volontés pour la partie qui le concerne. »

Donné à Aranjuez, 23 de mars 1793.

Signé de la main du roi. — A don P. PIERRE VARELA et ULLOA.

Le mercredi, 27 du présent mois, la publication de guerre se fit dans la capitale, suivant les usages établis.

Décret que S. M. C. envoya à son conseil-d'Etat le 6 *septembre* 1793.

« Depuis le régicide atroce commis sur la personne de mon auguste cousin Louis XVI, (qui repose en paix) j'avisai à tous les moyens que dictoient la prudence, d'éloigner de cette monarchie les principes irréligieux et désorganisateurs des Français; je recherchai en même temps les secours dont l'Espagne pouvoit avoir besoin, non-seulement pour résister à ces insurgés, mais aussi pour les châtier, et les forcer à se désister de leurs détestables projets : un de ces moyens et secours a été de former aussitôt une alliance offensive et défensive avec la Grande-Bretagne; ce qui s'est effectué par une convention provisionnelle dont le conseil d'Etat prendra connoissance par les exemplaires que j'ai ordonné qu'on lui remit, lui ordonnant de se conformer à madite volonté. »

Saint-Ildephonse, 6 septembre 1793.

A. don Eugénio de Llaguno Amirola.

FIN.

TABLE

DES CHAPITRES.

FIN DE LA TABLE.

FAUTES A CORRIGER.

Page 8, *ligne* 18, au lieu de Pamorvo, *lisez* : Pancorvo.

Page 61, *ligne* 14, au lieu de mavimientos, *lisez* : movimientos.

Même page, *ligne* 18, au lieu de padiese, *lisez* : pudiese.

Idem, *ligne* 19, au lieu de dendas, *lisez* : deudas.

Page 62, *ligne* 8, au lieu de rarones, *lisez* : razones.

Même *page*, *ligne* 10, au lieu de paderosos, *lisez* : poderosos.

Page 65, *ligne* 8, au lieu de don Leonando, *lisez* : don Léonardo.

Page 158, *ligne* 4, et le reflet de sa gloire s'est dissipée graduellement, *lisez* : s'est dissipé, etc.

Page 176, *ligne* 6, le général le Gentier, *lisez* : le général Lagenetière.

Page 189, *ligne* 17, au lieu du 2 février 1794, *lisez* : le 5 février 1794.

Page 231, au lieu de Terrast, *lisez* : Terrats.

Page 233, *ligne* 9, afin de pouvoir fermer les approches de cette place, *lisez* : former.

Page 255, *ligne* 7, pour les tourner par leur gauche, *lisez* : par leur droite.

Page 265, *ligne* 23, O-Reilly, qui mourut se rendant à l'armée, *lisez* : qui mourut en se rendant à l'armée.

Page 267, *ligne* 17, une cause en laquelle, *lisez* : à laquelle.

Page 270, *ligne* 14, 27 du présent mois, *lisez* : 27 du même mois.

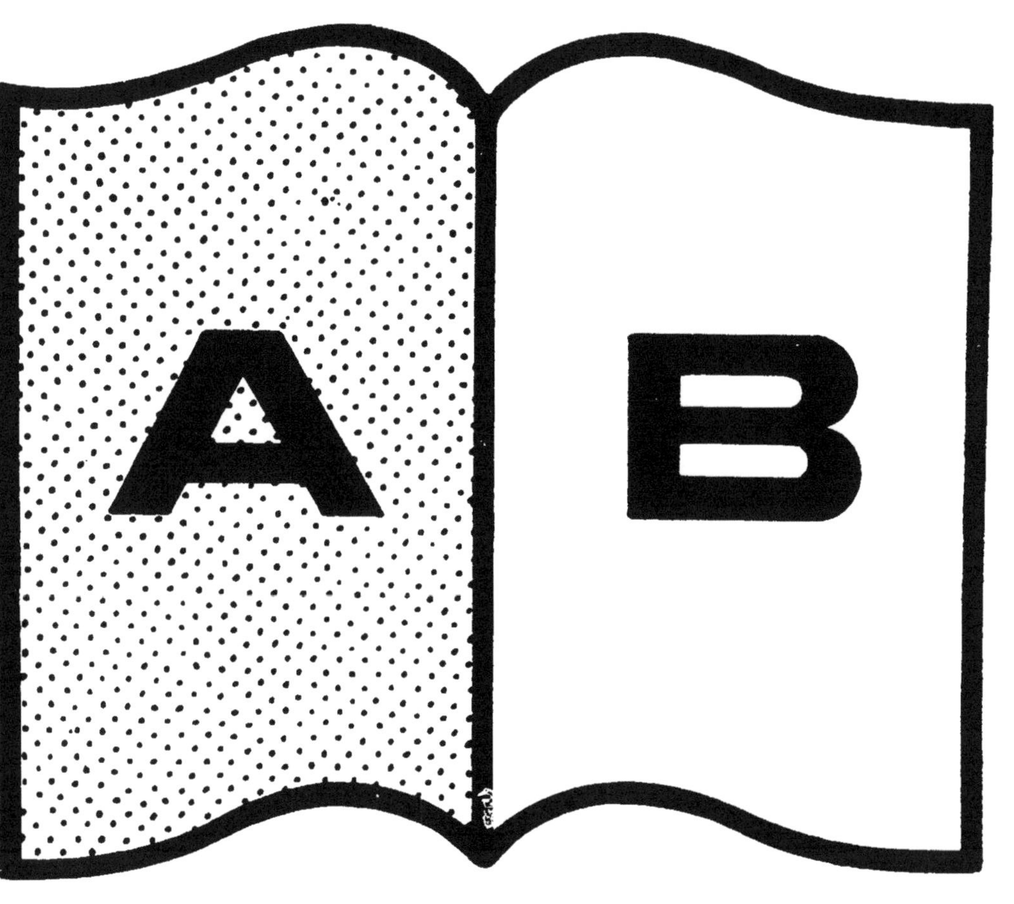

Contraste insuffisant

NF Z 43-120-14

www.ingramcontent.com/pod-product-compliance
Ingram Content Group UK Ltd.
Pitfield, Milton Keynes, MK11 3LW, UK
UKHW021852190726
13855UKWH00001B/286

9 782013 364690